元宇宙与未来媒介

METAVERSE AND FUTURE MEDIA

喻国明 杨雅 等 著

人民邮电出版社

北京

图书在版编目（CIP）数据

元宇宙与未来媒介 / 喻国明等著. -- 北京：人民邮电出版社，2022.6
ISBN 978-7-115-58947-7

Ⅰ．①元… Ⅱ．①喻… Ⅲ．①信息经济 Ⅳ．①F49

中国版本图书馆CIP数据核字(2022)第046771号

- ◆ 著　　喻国明　杨　雅　等
  责任编辑　武恩玉
  责任印制　李　东　胡　南
- ◆ 人民邮电出版社出版发行　北京市丰台区成寿寺路11号
  邮编　100164　电子邮件　315@ptpress.com.cn
  网址　https://www.ptpress.com.cn
  河北京平诚乾印刷有限公司印刷
- ◆ 开本：720×960　1/16
  印张：15　　　　　　　　　　2022年6月第1版
  字数：181千字　　　　　　　2022年6月河北第1次印刷

定价：59.80元

读者服务热线：(010)81055256　印装质量热线：(010)81055316
反盗版热线：(010)81055315
广告经营许可证：京东市监广登字20170147号

目录

绪论 何谓"元宇宙"

第一章 数字文明的滥觞

  一、数字时代媒介演变的内部革命 / 016

  二、数字时代社会环境的格局变迁 / 021

  三、数字时代新闻传播学科迭代升级的着眼点和着手处 / 024

  四、传播学学科迭代升级的学术逻辑与研究框架 / 027

  五、研究"元立场":贯穿理论的"定盘星"与"压舱石" / 031

第二章 媒介演进的历史逻辑、发生机制与未来可能

  一、问题的提出:探讨媒介演进的"技术自主"与"社会建构" / 034

  二、媒介技术演进的"应然":以人类自由度为轴的自主发展逻辑 / 037

  三、媒介技术变迁的"实然":偶然性条件、开放性条件的社会建构 / 041

  四、未来媒介的样态:以全要素整合为基础的赋权性媒介 / 045

第三章 算法视域下的未来传播与全社会的"媒介化"

  一、助推深度媒介化:算法为代表的新媒介正在以自身逻辑改造社会 / 049

二、算法时代的媒介化社会：范式演变与实践革新 / 053

三、算法媒介逻辑下社会"媒介化"的四大发展主题 / 062

四、简要的结语 / 067

第四章　媒介升维下的"场景时代""元宇宙"与"心世界"

一、"新媒介"嬗变的核心逻辑 / 070

二、"场景时代"是媒介作为"人的关系连接"在现实世界的

最高形式 / 072

三、"元宇宙"和"心世界"是媒介两个方向上对人类自由度的

突破 / 075

四、技术革命下传播生态系统的协同演化 / 080

第五章　"元宇宙"标定媒介化社会的未来生态图景

一、锚定内核：传播权力的回归是数字时代媒介进化的根本

逻辑 / 094

二、解析架构：以有机整合互联网全要素来实现数字化社会的

"再组织化" / 098

三、研判路径：去中心化地扩展现实是推进元宇宙构建的关键

着手处 / 103

第六章　元宇宙作为未来媒体的集成模式的全新建构

一、从认知时代到体验时代：游戏是通往未来的重要入口 / 110

二、基础层支撑：可延展、可融合、可触达的数字技术 / 113

三、结构层搭建：数字化基建、多模态感知及开放式平台构造生态化

媒介社会 / 120

四、元宇宙与社会治理：多元共治下的挑战与风险 / 126

第七章　"深度媒介化"是元宇宙驱动下的媒介与社会发展的底层逻辑
　　一、"媒介化"问题的提出：在数字文明时代为什么媒介越来越重要 / 130
　　二、从"媒介化"到"深度媒介化"：新传播技术正在根本性地重构社会 / 131
　　三、理解深度媒介化：关系赋权成为微粒化网络社会的新权力机制 / 136
　　四、把握未来传媒业转型：从专业信息提供者升维为社会生活组织者 / 141

第八章　数字时代网络社会的"再组织化"与治理模式的转型
　　一、网络社会治理的基本概念与研究框架 / 149
　　二、网络社会治理模式的演进逻辑与转型范式 / 159
　　三、网络社会治理转型的理论阐释：自组织范式与多元共治 / 162
　　四、数字时代网络社会"自组织"与"再组织"演化与评估模型 / 166

第九章　元宇宙是构建媒介发展的未来参照系
　　一、"元宇宙"：媒介升维逻辑下互联网发展的终极形态 / 175
　　二、"扬弃"：元宇宙补偿路径的实质 / 177
　　三、以人为本：元宇宙未来发展的关键思维 / 184

第十章　元宇宙视域下的未来传播：算法的内嵌与形塑

一、元宇宙的滥觞：算法角色与功能的全新思考 / 187

二、从认知时代到体验时代再到元宇宙：算法的迭代与角色演化 / 188

三、元宇宙下的算法范式：人、物质、环境与空间的横向关系连接 / 195

第十一章　元宇宙视域下国际传播的新境界

一、理解世界：新媒介语态下虚拟世界主义的重塑 / 201

二、感知世界：元宇宙下国际传播格局的新变化 / 202

三、联结世界：对外传播下虚拟场域对话的行动准备 / 206

第十二章　元宇宙时代传播学研究范式的转型

一、雅努斯的两面：元宇宙时代传播学科的危机与范式的转变 / 211

二、学科范式转型的理论逻辑与内在机制：主体认知与技术生态的复调 / 213

三、传播学范式转型的操作路径：构建多元研究方法群 / 216

四、立足元宇宙时代传播学发展的关键把握学科范式的革命 / 220

第十三章　未来已来：虚拟人、元宇宙及主流媒体的发展

一、虚拟人的开发：个性化程度普遍不够，缺乏对于关键性问题的深度研发 / 224

二、元宇宙的发展 / 226

三、主流媒体与互联网公司的合作 / 230

四、媒体产业发展的未来红利点：内容范式、下沉市场、传播在社会媒介化中的应用 / 232

绪论
何谓"元宇宙"

【章节导读】

元宇宙是人类文明形态的一场深刻变革,是一次"凤凰涅槃"般的创新实践。而创新实践要走好、走稳,一定要首先解决"从0到1"的创新原理和创新模型的构建问题,然后才能是"从1到100"的大面积推开的实践扩展问题。本书试图以此为主旨从着眼点和着手处两个角度对于元宇宙以及相应的社会深度媒介化问题进行范式变革及其实践行动路线图的探讨。

我们所处的时代，在历史发展的大坐标系上，恰逢处在一个必须做出某种重大抉择的"紧要关头"。如果说，在非"紧要关头"时，我们尚可以将关注的重点放在"如何做"这类战术性问题上的话；那么在"紧要关头"时，我们必须将我们的关注重点放在"在哪儿做""做什么"这类战略性的问题上，因为它是"系好衬衣的第一个纽扣"。正是在这个层面上，方向比速度更重要，选择比努力更重要。

罗伯特·麦克唐纳（Robert McDonald）[1]曾经借用一个军事术语来描述当下全新的世界格局："这是一个VUCA的世界。"这里的VUCA指的是不稳定（Volatile）、不确定（Uncertain）、复杂（Complex）和模糊（Ambiguous）。在这样一个充满迷宫式选择与错愕的纠结年代，世界正经历着一场深刻的革命，从未有哪个时代的社会格局像现在这样纷纷扰扰、万象横生。以互联网为代表的数字技术如同新时代的"操作系统"正在全方位地重构社会生活，由此带来的社会重组与赋权，传播领域的种种"新常态"，给所有的机构和人带来了一系列新的机遇和挑战。特别是，当数字媒介终端、智能化可穿戴设备已广泛渗透进用户的日常生活，一个以技术逻辑驱动的新时代、新文明日渐清晰地呈现在世人面前。旧秩序和旧规则逐渐土崩瓦解，但对新秩序和新规则的界定，由于每个人所处点位的不同，所做出的判断千差万别，有的过于宏观，有的又过于微观，让人莫衷一是。找到透视未来发展方向的通约的客体，通过这一客体展现新时代的变革方向，而这一客体又有足够的张力以体现普适性，是一项颇具挑战性的工作。

正是在这样的背景下，"元宇宙"（Metaverse）横空出世。无论

---

[1] 罗伯特·麦克唐纳（Robert McDonald）：1982年毕业于麻省理工学院，获经济学博士，目前是美国西北大学凯洛格商学院的ErwinENemmers金融学著名教授.

这样一个名词的命名是否准确得体,但它的确使得纷乱杂陈中互联网进化的未来形态初露端倪。2022年伊始,在元宇宙概念下被刷屏的最热的新闻便是微软对于动视暴雪的收购,这是历史上最大的一次公司现金收购。不仅是游戏业最大,也是公司史上最大的一笔收购。须知,资本从来都是用真金白银来说话的,这无疑是一个极为重要的信号:表面上,是全球科技巨头在加大对游戏的重视和投入,决战元宇宙;更深层次上,是数字技术支撑下的数字经济快速发展、扩展现实(Extended Reality,XR)与现实深度融合的趋势下,一种全新的文明形态正在加速形成的强烈信号。

(一)何谓"元宇宙"

很多人没有听说过元宇宙,所谓"元宇宙"就是互联网、虚拟现实、沉浸式体验、区块链、产业互联网、云计算及数字孪生等互联网全要素的未来融合形态,被称作"共享虚拟现实互联网",也即"全真互联网"。具体地说,元宇宙是一个虚拟与现实高度互通且由闭环经济体构造的开源平台。尽管目前互联网产业界对元宇宙的最终形态还没有定论及详尽的描述,但元宇宙具有如下公认的四大核心属性:

1. 与现实世界的同步性及高拟真度。元宇宙虚拟空间与现实社会保持高度同步和互通,交互效果逼近真实。具有同步性和高拟真度的虚拟世界是元宇宙构成的基础条件,它意味着现实社会中发生的一切事件将同步于虚拟世界,同时用户在虚拟的元宇宙中进行交互时能得到近乎真实的反馈信息。

2. 开源开放与创新创造。开源开放是指技术开源和平台开源,元宇宙通过制定"标准"和"协议"将代码进行不同程度的封装和模块化,不同需求的用户都可以在元宇宙进行自主创新和创造,构建原创的虚拟世界,不断拓展元宇宙边界。

3. 永续发展。元宇宙平台的建设和发展不会"暂停"或"结束",而是以开源开放的方式运行并无限期地持续发展。

4. 拥有闭环运行的经济系统。在元宇宙中,用户的生产和工作活动的价值将以平台统一的货币形式被确认和确权,用户可以在元宇宙平台内使用这一货币进行消费,也可以通过一定比例"兑换"成现实生活中的法定货币。毫无疑问,经济系统的闭环运行是驱动和保障元宇宙不断变化和发展的动力引擎。

从本质上说,元宇宙不是一项技术、不是一个产品、不是一个场景、甚至也不是所有技术的集合体,元宇宙其实是一种数字革命以来所发展起来的全部技术与社会现实融合发展的全新的文明形态——如同原始文明、农耕文明、工业文明一样,数字文明是人类文明发展的全新阶段。它使人类进入一个更具自由度、更高灵活性、更多体验感、更强功效性的超现实世界之中。显然,元宇宙是一种以技术为基础的全新文明的聚合形态,而技术、经济与社会的深度融合就是通向未来元宇宙的不二路径。因此,"深度融合"已经成为时代发展的现象级潮流。说到底,元宇宙就是互联网发展全要素的集合体,它是将一系列断裂的、分隔的社会要素、市场要素通过技术平台重新整合成一套有序运行的规则范式和组织体系,为未来媒体提供聚合性承载空间,也为社会发展构建一系列新的发展向度。

(二)当下"元宇宙"的社会性膨胀中确有巨大的泡沫成分,但它的深远价值是在一个更高的维度上确立了未来互联网发展的方向

从任何一个搜索引擎中查询都可以显示,"元宇宙"已经成为一个网

红词。如同任何一个迅速走红的网络热词一样，如今，没听过元宇宙的人仿佛就显得另类了。但问题是，"元宇宙"到底有多大的想象空间，多大的现实意义——我们必须了解、认识与把握，并在此基础上理性地制定自己的发展战略与策略。

1. "元宇宙"是不是一个大大的泡沫？一定是。有业界人士指出，元宇宙概念正在走向过度预期的顶点。在明年下半年或者后年，相信这个泡沫一定会破灭。因为元宇宙本质上是对现实世界的虚拟化、数字化，需要对内容生产、经济系统、用户体验以及实体世界内容等进行大量改造。因此，元宇宙的发展必定是循序渐进的，是在共享的基础设施、标准及协议的支撑下，由众多工具、平台不断融合、进化而最终成形——这将是一个漫长的、充满不确定性的曲折过程[1]。

2. 为什么"元宇宙"的泡沫会被吹得如此之大？互联网发展的现实使然。自移动互联网和短视频巨大地改变了人们的生活方式和社会资源的重新配置以来，在长达五六年的时间里没有统领全局的新技术、新概念出现，VR也好、区块链也好、产业互联网也好，它们都处在"沉默发展的建设期"。总的来看，互联网的发展在整体上显得缺少一直以来应有的那股"精气神"。这个时候，"元宇宙"出现了，它作为一个未来互联网全要素关联融合的愿景极大地缓解了当下互联网发展的萎顿状况，令"各自为政"的各项互联网技术得以看到摆脱孤军作战窘境的希望，激活了人们对于未来互联网发展的极大想象力。

应该说，自互联网为代表的数字化革命发生以来，整个社会的发展进入到一个"断裂式"发展和"破坏式"创新的发展阶段，在这个阶段中，已经不能采用传统意义上从过去到现在的惯性发展式的"趋势外推"方法

---

[1] "元宇宙泡沫能吹多久？"港湾商业观察2021年11月8日．

来把握现实发展了，必须着眼于未来发展的对于某些技术确定性的把握，来反观今天的战略选择和策略安排，这就是"着眼未来，把握现实"的认识范式。而元宇宙则是具有这样特性的全新概念——它从互联网发展的终极形态的技术如何的意义上，定义着今天的技术发展和产业的方向。一般而言，一个新概念所涉及的领域有多宽，改变的意义有多强，涉及到的层次有多深，它所唤起的想象力有多大，它的"泡沫"就有多大。换言之，一个新技术、新概念激起的泡沫的程度其实也是它对于现实关联的深刻性与改变程度的一个指标——对于一个没有任何泡沫的技术和概念，其未来的生命力几乎是无法预期的。

3. 新兴技术成熟度曲线（高德纳曲线）告诉了我们什么？对于新技术、新概念所产生的泡沫现象的解读，至少在技术界，已经有了一个很多人认同的理论，叫作"高德纳技术成熟曲线"。它表现的就是一项新技术从出生到变成炒作（hype），再到低谷，直至真实实用化的过程。图绪-1是 Gartner：新兴技术成熟度曲线（2018）。

"技术成熟曲线"分析预测各种新科技的成熟演变速度，以及其到达成熟所需的时间，共分成 5 个阶段[1]：

① 科技诞生的技术萌芽期（Technology Trigger）：在此阶段，随着媒体的大量报道和非理性的渲染，产品的知名度无所不在。然而随着科技的缺点、问题、限制逐渐出现，失败的案例大于成功的案例。例如，.com 公司在 1998—2000 年之间的非理性疯狂飙升期。

② 期望膨胀期（Peak of Inflated Expectations）：早期公众的过分关注演绎出了一系列成功的故事——当然同时也有众多失败的例子。对于失败，有些公司采取了补救措施，而大部分却无动于衷。

---

[1] 徐俊威：技术成熟度曲线.

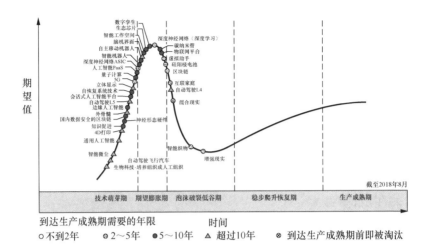

图 绪-1 Gartner：新兴技术成熟度曲线（2018）

③ 泡沫破裂的底谷期（Trough of Disillusionment）：对于历经前两个阶段所存活的科技，经过多方扎实有效的试验，其适用范围及限制有了客观并实际的了解，找到了成功并能存活的经营模式。

④ 稳步爬升的恢复期（Slope of Enlightenment）：在此阶段，有新科技诞生并在市场上受到主要媒体与业界的高度关注，例如，1996年的Internet，Web。

⑤ 实质生产的成熟期（Plateau of Productivity）：在此阶段，新科技产生的利益与潜力被市场接受，其经营的模式、工具、方法论经过数代的演进，进入非常成熟的阶段。

未来3～5年，元宇宙将进入雏形探索期，VR/AR、NFT、AI、云、PUGC游戏平台、数字人、数字孪生城市等领域的渐进式技术突破和商业模式创新将层出不穷。中长期看，元宇宙的投资机会包括：GPU、3D图形引擎、云计算和IDC、高速无线通信、互联网和游戏公司平台、数字孪生城市、产业元宇宙、太阳能等可持续能源等。从现实角度来说，目前构建成熟元宇宙的条件还远未具备。根据科技产业发展所遵循的从硬件到软件，再到应用场景的传导规律，元宇宙还处在硬件技术逐步发展的阶段。元宇宙发展依赖于计算机和互联网通信技术、虚拟现实技术的成熟。概言之，虽然当下元宇宙的社会性膨胀中确有巨大的泡沫成分，但它的深远价值是在一个更高的维度上确立了未来互联网发展的方向。

（三）从六大支撑技术看"元宇宙"作为互联网终极形式的价值与意义：它在升维的意义上为互联网发展的全要素融合提供了一个未来的整合模式

在"元宇宙"的概念出现之前，互联网的世界总体格局是一种相对离散、各自发展的状态。而互联网的发展逻辑告诉我们，连接，才能产生更大的生产力与实现价值增值。"元宇宙"就是在这一逻辑的推演之下所形成的对于未来互联网全要素如何发展的一个"远景图"——它的最大价值在于：它在升维的意义上为互联网发展中全要素的融合提供了一个未来的整合模式。这一点，我们从图绪 -2 所示的元宇宙六大支撑技术中可以清楚地看到[1]。

从图绪 -2 中可知，元宇宙的六大支撑技术为：

1. 区块链技术：NFT、DeFi、公链速率、智能合约、DAO 社交体系、去中心化交易所、分布式存储等区块链技术是支撑元宇宙经济体系最重要的技术。

• 哈希算法及时间戳技术——为元宇宙用户提供底层数据的可追溯性和保密性。

• 数据传播及验证机制——为元宇宙经济体系各种数据传输及验证提供网络支撑。

• 共识机制——区块链通过形成共识机制解决信用问题，利用去中心

---

[1] 邢杰等，元宇宙通证 [M]．北京：中译出版社，2021.

// 绪论 // 何谓"元宇宙" //

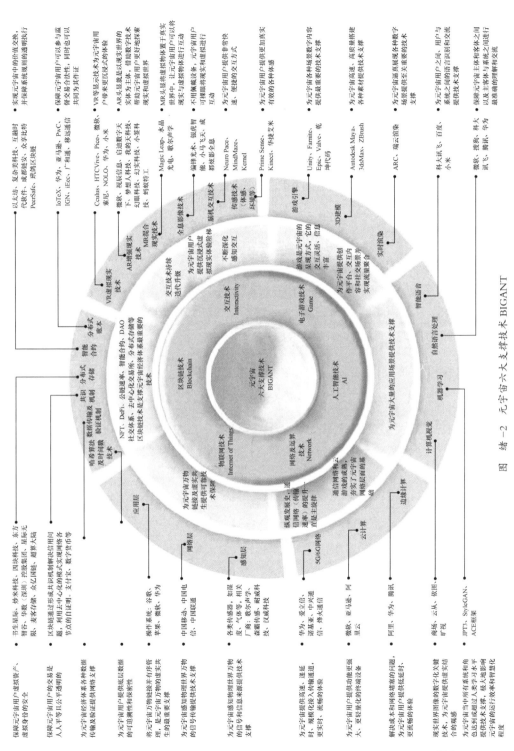

图 绪-2 元宇宙六大支撑技术 BIGANT

化的模式实现网络各节点的自证明，例如支付宝、数字货币等。以此保障元宇宙用户的交易人人平等且公平透明。

- 分布式存储——保障元宇宙用户虚拟资产、虚拟身份的安全。

- 智能合约——实现元宇宙中的价值交换，并保障系统规则的透明执行。

- 分布式账本——保障元宇宙用户可以参与监督交易合法性，同时也可以共同为交易作证。

2. 交互技术：交互技术持续迭代升级，为元宇宙用户提供沉浸式虚拟现实体验阶梯，不断深化感知交互。

- VR 虚拟现实技术——VR 等显示技术为元宇宙用户带来更沉浸式的体验。

- AR 增强现实技术——AR 头显就是以现实世界的实体为主体，借助数字技术帮助元宇宙用户更好地探索现实和虚拟世界。

- MR 混合现实技术——MR 头显将虚拟物体置于真实世界中，让元宇宙用户可以将现实与虚拟物体进行互动。

- 全息影像技术——不用佩戴设备，元宇宙用户可裸眼将现实和虚拟进行互动。

- 脑机交互技术——为元宇宙用户提供非常快速、便捷的交互方式。

- 传感技术（体感、环境等）——为元宇宙用户提供更加真实有效的各种体感。

3. 电子游戏技术：游戏是元宇宙的呈现方式，它的交互灵活、信息丰富，为元宇宙提供创作平台、交互内容和社交场景并实现流量聚合。

- 游戏引擎——为元宇宙各种场景数字内容提供最重要的技术支撑。

- 3D 建模——为元宇宙高速、高质量搭建各种素材提供技术支撑。

- 实时渲染——为元宇宙逼真展现各种数字场景提供至关重要的技术

支撑。

4. 人工智能技术：为元宇宙大量的应用场景提供技术支撑。

• 智能语音——为元宇宙用户之间、用户与系统之间的语言识别和交流提供技术支撑。

• 自然语言处理——保障元宇宙主体和客体之间以及主客体与系统之间进行最准确的理解和交流。

• 机器学习——为元宇宙当中所有系统和角色达到或超过人类学习水平提供技术支撑，极大地影响元宇宙的运行效率和智慧化程度。

• 计算机视觉——现实世界图像的数字化关键技术为原宇宙提供虚实结合的观感。

5. 网络及运算技术：通信网络（传输速率）的提升一直是主旋律，通信网络和云游戏的成熟夯实了元宇宙网络层面的基础。

• 边缘计算——解决成本和网络堵塞的问题，为元宇宙用户提供低延时、更流畅的体验。

• 云计算——为元宇宙用户提供功能更强大、更轻量化的终端设备。

• 5G/6G 网络——为元宇宙提供高速、低延时、规模化接入传输通道，使用户拥有更实时、流畅的体验。

6. 物联网技术：为元宇宙万物链接及虚拟共生提供可靠保障。

• 感知层——为元宇宙感知物理世界万物的信号和信息来源提供技术支撑。

• 网络层——为元宇宙感知物理世界万物的信号传输提供技术支撑。

• 应用层——将元宇宙万物链接并有序管理，是元宇宙万物的虚实共生的最重要支撑。

这便是元宇宙对各项互联网相关技术的全面融合、连接与重组，由此构造出其作为未来互联网终极发展的目标模式。

（四）"元宇宙"的本质是构建"以人为本"、虚实相融的人类未来的双栖社会生态

毫无疑问，元宇宙是集成与融合现在与未来全部数字技术于一体的终极数字媒介。由此，它将实现现实世界和虚拟世界的连接革命，进而成为超越于现实世界的、更高维度的新型世界，本质上，它描绘和构造着未来社会的愿景形态。

我们知道，媒介是人体的延伸，不同于分割感官以致传播权力外化的模拟媒介技术，数字媒介以再造"数据躯体"具身的新型主体的方式实现了传播权力向个人的回归，个体的赋能赋权是数字时代媒介技术进化的根本逻辑。以此为原点研判未来传播的发展与格局，可以发现，互联网技术完成了对于传统社会深刻解构（即"去组织化"）的同时也孕育出来了下一代数字媒介，其使命在于重新实现社会形态的"再组织化"，以建立一个全新的数字化社会。其中，区块链技术是实现去中心化的分布式社会中人与人信任、协同的技术基础；而以 VR/AR/MR 为代表的交互技术持续迭代升级，为元宇宙的世界提供了从物理世界到生（心）理世界，从现实空间到虚拟空间的全面无缝连接；而游戏范式则是元宇宙的运作方式和交互机制；网络及计算技术的不断升级则夯实了元宇宙网络层面的连接力，提高了网络传输的效率。可见，元宇宙是对各项互联网相关技术的全面融合、连接与重组，由此构造出元宇宙作为未来互联网终极发展的目标愿景。

具体地说，元宇宙对于社会的升维重构表现在其传播逻辑是要实现现实世界与虚拟世界的连接革命。

从人类文明发展的历史可以看到，传播技术的发展不断带来"新的媒介"，这些新媒介表征着新的社会连接方式、尺度与标准，使人们能够探索更多的实践空间，能拥有更多的资源和更多的领地，去展示和安放他们的价值、个性以及生活的样态。互联网发展的"上半场"完成了"内容网

络""人际网络"和"物联网络"的建设,实现了信息沟通意义上的"任何人、在任何实践、任何地点"的互联互通;我们所面临的互联网发展的"下半场"则要在此基础上完成"场景化社会"的构建,实现现实社会全要素意义上的"任何人、在任何实践、任何地点做任何事"的智能化社会的构建。其中,5G/6G 通信提供高速度、高容量与低时延的技术支撑,大数据、量子计算、算法迭代支撑将现实世界所有要素激活、调动、协同及整合的人工智能技术。概言之,在这个永远在线的"场景时代",以场景服务和场景分享为人的社会连接的基本范式,可以实现人的具身以"在场"的方式参与到"任意"的现实实践中。这是媒介作为"人的关系连接"在现实世界的最高形式。

但是,媒介的进化并不会止步于此,于是,"元宇宙"来了。元宇宙对既有的社会性实践疆界的突破主要有两点。一是它突破了人类社会实践在现实空间的"亘古不变"的限制,可以选择性地自由进入不受现实因素限制的虚拟空间,展开自己一重甚至多重虚拟空间中的生命体验,并且实现自己人生中的价值创造。这是对人类受困于现实世界限制的一种巨大解放。二是它将实现人类在虚拟世界中感官的全方位"连接"。目前的互联网技术只是实现了部分信息流的线上化,人类感官在虚拟世界的连接中听觉与视觉率先实现了突破,而嗅觉、味觉及触觉等感官效应目前还只能在线下实现和满足。而元宇宙在未来发展中的关键突破就是将致力于实现对于人的嗅觉、味觉及触觉等感官效应的线上化。虽然实现这些突破还有很长的路要走,但是,当人的感官全方位地实现线上化时,元宇宙作为人类生活的全新空间的魅力将全方位地超越现实世界。

正如未来学家阿尔文·托夫勒在《未来的冲击》一书中所描述的,虽然人类已有 5 万年的生存史,但当前人类日常使用的绝大多数物资都是第 800 个世代的成果,他将"第 800 个世代"阐释为"断绝的时代"——变革速度大大提升,变革的影响范围及扩张程度也远超任何世代[1]。不可否认,这是一个最具颠覆性和创新性的时代。以数字化、网络化和智能化为核心的新一代信息技术创新的代际周期大幅缩短,应用潜能裂变式释放,而这正以更快速度、更大范围、更深程度地引发科技革命和产业变革。当前社会聚焦的"元宇宙"与其说是一种从无到有的破坏性创新,毋宁说是一种集成性创新,是对多种新兴技术的统摄性想象;其突然的火热,是相关技术不断发展与成熟的结果。当然,我们与终极形态的元宇宙还相距甚远。但也需要意识到,智能手机、智能芯片等新科技实现大规模市场化的速度比电话等科技快了 30~50 倍,科技加速进步呈现出"曲棍球杆曲线"[2];在这个不同寻常的加速度时代,元宇宙的实现也许离我们并没有那么遥远。

---

[1] 阿尔文·托夫勒. 未来的冲击 [M]. 蔡伸章,译. 北京:中信出版社,2006:5-6.
[2] 布雷特·金. 智能浪潮:增强时代来临 [M] 刘林德,冯斌,张百玲,译. 北京:中信出版社,2017:8-10.

第一章
数字文明的滥觞

【章节导读】

通过对数字文明"入口处"所呈现出来的"实然"和"应然"问题的研究，探讨数字时代新闻传播研究的格局变迁、未来趋势、范式转型以及对传媒业发展和学术研究的影响。本章从"媒介革命—传播格局变迁—社会实践变迁—治理模式—范式转型"这五个维度展开，从微观到宏观，从实然到应然，回答"是什么—怎么样—做什么—如何做"这四个关键问题，制定新闻传播理论体系创新与实践发展落地的有效路线图。

当社会步入数字文明时代，我们面临着以大数据、人工智能、AR/VR/MR 以及高速率、高容量、低延时、低能耗的 5G 等技术革命所带来的媒介格局变迁和范式转型，它正在引发社会媒介化改革，并给人类社会发展带来新的自由度。数字文明时代，信息传播的原有运作目标和总体逻辑都发生了广度和深度上的重大变革。数字技术成为一项传播和与社会"换道行驶"的技术，整个社会的连接模式和场景形态都发生了巨大的变化。技术驱动下，新闻传播从学科到实践正在经历以"传者为中心"到以"用户为中心"的改变，从"学科导向"到"问题导向"的变迁，以及从"认知时代"到"体验时代"的转型。

如果说互联网发展的"上半场"的发力点在于搭建人与人、人与信息、人与物之间的连接桥梁，那么下半场的着眼点则在于实现人与场景的连接，泛众化传播和复杂系统中新的表达协同模式和权力再造。在此过程中，技术的突破拓展了媒介场域的边界和影响，传播各个要素的协同也造就了传媒业的全新业态；同时，技术为社会各场域中的行动者的实践活动提供了底层基础，为外部社会环境提供了媒介化改造和网络社会治理模式的转型空间；此外，数字时代社会解析的颗粒度更细，数据和算法成为制导力量，人脑机制的全息化成为精细探索的循证工具，新闻传播研究范式正在面临突破和转型。数字时代新闻传播学科范式转型的着手处在于整合理论逻辑、实践逻辑、问题逻辑，关照新闻传播领域中助力格局变迁、引领现阶段学科发展的关键问题，在技术与人的关系中，重新发现人的主体性价值。

一、数字时代媒介演变的内部革命

1. "新媒介"与"媒介化"社会：新的连接、边界和标准的构建

在新闻传播格局变迁与学科发展"范式革命"的背景下，重新理

解媒介格局、理解新媒介技术成为面向未来传播的传播学学科发展的基础、框架以及操作路径。传统意义上,我们理解的媒介是信息传播的载体,是一种可感知的、中介性的物理器具,但是在技术革命引发的传播生态大变革的背景下,媒介的概念已经泛化为连接人的感知经验和外部世界的"连接者",它不仅仅指代某种器物本身,而是由其关联起来的全部关系、观念、情感和意义的综合。麦克卢汉认为,每一种新技术的诞生都会创造出与之相匹配的环境,"环境不仅是容器,而且是使内容完全改变的过程。新媒介即新环境"[1]。从"媒介是人体的延伸"到"媒介即信息"的论断,媒介既作为感知环境,同时也是一种符号环境[2]。这正如彼得斯在对媒介本质的判断:媒介不仅仅是信息流动的载体,也是观念、物质以及能量的"传送带"[3]。信息传播通过重新塑造媒介、人和环境这三者之间的关系而直接作用于社会形态的变迁,其中起着关键作用的媒介成为划分时代的重要依据和核心命题,重要表现之一就是以介质为基准的划分标尺已经难以丈量多维的媒介形态。

在媒介化时代,"去中心化""去二元论""再组织化"是媒介实践范式的核心概念。早在 Web 1.0 时代,马克·波斯特就提出了传播的"互动"是人类进入"第二媒介时代"的重要特征[4];在社会发展到 Web 2.0 时代后,学者进一步提出了第三媒介时代的概念,认为在信息高度智能化、网络化和泛在化的背景下,沉浸式传播在社会生态中起着主导性作用,它将传播

---

[1] 麦克卢汉(2016).指向未来的麦克卢汉[M].何道宽,译.北京:机械工业出版社.
[2] 李良荣,辛艳艳(2020).2G 到 5G:技术驱动下的中国传媒业变革[J].新闻大学,(7):51-66.
[3] 彼得斯(2017).对实言说[M].邓建国,译.上海:上海译文出版社.
[4] 波斯特(2005).第二媒介时代[M].范静晔,译.南京:南京大学出版社.

系统从一个信息提供方变为一个全方位的服务者[1]。在此背景之下，媒介"空间"的概念进一步泛化，社会媒介化的概念扩展到日常生活的方方面面，媒介实践的范式也因此改变。媒介化社会的权力关系进一步弥散化，并重新诠释了媒介用户主体性和社会秩序内在要求[2]。传统由主流新闻机构所构建的金字塔型媒介生态已经被多元化媒介生态所解构[3]，当下的社会生态呈现出一种扁平式的并联式模型。正如布迪厄在场域理论中对个体与社会之间的关联模式的阐述"社会行动者与世界之间的关系，并不是一个主体（或意识）与一个客体之间的关系，而是社会建构的知觉或评判原则（即惯习）与决定惯习之间的'本体论契合'"[4]。"媒介化"与"中介化"作为一种传播的研究路径，对以往重视传播效率或效果的信息传递层面的研究起到了纠偏作用[5]，新闻传播研究的着眼点也从内部生产扩大到整个社会关系网络之间的相互连接，从更加宏观的视角探讨各传播要素之间相互作用的关系。

2. "圈层"与"破圈"：对于传播空间与群体自组织的反思

互联网作为一种信息技术，从传播工具、渠道、媒介、平台进化为基础性社会要素，在本质上改变了人与人连接的场景与方式，引发社会网络关系、社会资源分配规则和权利分布格局的变化[6]。数字时代，平台

---

[1] 李沁，熊澄宇（2013）.沉浸传播与"第三媒介时代"[J].新闻与传播研究，20（2），34-43.

[2] 顾洁（2018）.媒介研究的实践范式：框架、路径与启示[J].新闻与传播研究，25（6）:13-32.

[3] 陈逸君，贺才钊（2020）.媒介化新闻：形成机制，生产模式与基本路径[J].现代传播（中国传媒大学学报），42（9）：125-131.

[4] 布迪厄（1998）.实践与反思[M].李猛，李康，译.北京：中央编译出版社.

[5] 郭恩强（2018）.在"中介化"与"媒介化"之间：社会思想史视阈下的交往方式变革[J].现代传播（中国传媒大学学报），40（8）:67-72.

[6] 喻国明，马慧.互联网时代的新权力范式："关系赋权"——"连接一切"场景下的社会关系的重组与权力格局的变迁[J].国际新闻界，2016(10):6-27.

媒体结构与信息分发的特性，极易形成固定的平台"圈层"。在人文领域，圈层"特指人类社会中的分类化动态场域"[1]，传播学视域下的圈层具有"空间圈层化、结构圈层化和信息圈层化"的特征[2]。社交媒体的圈层传播，以交往分享机制和关系黏度为驱动力，具有凝聚社会共识，参与社会治理的社会价值，释放出强大的社会影响力，构建着社会政治及文化图景[3]。

在网络社会不断发展的背景下，互联网从发展伊始就具有自组织特性[4]。自组织理论中的不稳定原理表明，自组织是稳定性与不稳定性的统一，新结构的出现要以原有结构失去稳定性为前提，或者以破坏系统与环境的稳定平衡为前提。互联网发展的"上半场"已经搭建了人的社会关系、内容以及物联网这三者联通的网络，下半场则要在可以随时随地进行信息交流的基础上，进一步实现场景的适配要求。"破圈"的实现也意味着某种新结构的产生，或者新系统的成长与运行，突破封闭、实现开放。互联网带来的新的信息技术范式极其富有弹性，并且具有重构组织的能力[5]。随着新媒体平台对分散个体的专业重塑及组织化管理，传播空间、圈层都面临自组织的反思，传播内容生产体现出"再组织化"的

---

[1] 邓大才."圈层理论"与社会化小农——小农社会化的路径与动力研究[J].华中师范大学学报（人文社会科学版），2009，48(1):2-7.
[2] 刘明洋，李薇薇.社会集合、过渡媒介与文化形态——关于传播圈层的三个认知[J].现代传播（中国传媒大学学报），2020(11):148-153.
[3] 史剑辉，靖鸣，朱燕.社交媒体互动圈层传播模式：驱动力及社会价值——基于社会热点事件的分析[J].新闻爱好者，2019(6):13-16.
[4] 彭兰.自组织与网络治理理论视角下的互联网治理[J].社会科学战线，2017(4): 168-175.
[5] 曼纽尔·卡斯特（2001）.网络社会的崛起[M].夏铸九，等，译.北京：社会科学文献出版社.

趋势[1]。

3. 空间场景与知觉场景：人与人、人与机器连接模式的升维

技术的发展深刻地改变了社会关系的连接方式和场景架构。数字时代，传播场景将向立体、叠加和拟真实方向发展。在移动互联网时代，场景越来越成为人的需求以及市场价值的承载平台。场景分析的最终目标是供特定场景下的适配信息或服务，移动传播的本质是基于场景的服务，即对场景的感知及信息适配[2]，而5G技术正是为这种适配提供了技术支持。正如梅罗维茨在媒介场景理论中的描述"对人们交往的性质起决定作用的并不是物质本身，而是信息流动的模式"，即场景的概念已经突破了人们身处的物理空间，它也包括媒介信息所营造的行为与心理的环境氛围。在原有媒介形态之外，还有更多的物体成为媒介。与此同时，人与媒介的关系也将发生深层次变革，人成为广泛意义上的媒介[3]。

传统概念下的人际传播强调的是两个能动的个体之间的信息以及精神交流，强调的是身体在场或是表情、肢体符号以及语言词汇的编码与解码。但是机器的实体化、拟人化以及智能化的发展实现了技术中介性的人际传播，极大地拓展了人际传播的范畴，将完全外化的信息主体应用于各种交互场景，让人与机器之间的交流更具备在场感，人与机器的深度融合共生已经成为不可逆的趋势。从新华社的虚拟主播"曲小萌"到清华大学的虚拟学生"华智冰"，机器已经成为传播过程中除了人类之外的又一主体，从信息感知的清晰度和真实性方面实现传播的主体缺场到主体在场的

---

[1] 黄伟迪.再组织化：新媒体内容的生产实践——以梨视频为例[J].现代传播（中国传媒大学学报），2017(11):117-121.

[2] 彭兰（2015）．场景：移动时代媒体的新要素［J］．新闻记者，（3），20-27.

[3] 孙宇，马晓丹（2020）．立体，叠加与拟真实：5G时代传播场景升维的基本方向［J］．中国出版，（19），43-46.

转变。但是技术在提高人类感知世界、传递信息能力的同时，对人类生活的介入和控制也在不断增强。在未来，以生物学意义上的身体为基础形成的"技术身体"及机器人共同成为传播活动主体，外部的信息代理人和把关人彻底消失，这是一种崭新的"类身体媒介"的传播场景，需要我们重新思考这其中存在的媒介伦理问题。

二、数字时代社会环境的格局变迁

1. 生态型媒介平台媒介的崛起，人类行为与自由度的拓展

数字时代万物皆媒，多元的传播主体和多样的分发渠道在新的传播系统中和谐共生，共同构成了生态型媒介平台。平台是经济学意义上的"多边市场"，也是人类学视阈中的"转型式中介"[1]。与传统媒体平台的不同之处在于，生态型媒介平台不仅仅是一种提供信息传播的载体，还是一种具备价值属性的功能性媒介，能够为传播场域上的各类行动者提供各种各样的一站式服务。生态型媒介平台的崛起，替代了传统媒体连接"信息与受众"的角色，例如算法重新定义了信息权力的分配[2]，媒介与媒介之间的界限不再泾渭分明，各种传播要素的多样化、深度协同促进了媒介融合向更加纵深的方向发展。

生态型媒介平台是一种"可重新编程的全球性基础设施，通过系统化的数据过程加以组织，包括数据收集、算法处理、金钱化以及数据流通，

---

[1] 蔡润芳（2021）."围墙花园"之困：论平台媒介的"二重性"及其范式演进[J]. 新闻大学，（7），76-89.
[2] 喻国明，杨莹莹，闫巧妹（2018）. 算法即权力：算法范式在新闻传播中的权力革命[J]. 编辑之友，（5），5-12.

能够促进用户与互补者之间的个性化互动"[1]。生态型媒介平台的崛起消弭了媒介的既有边界，也改变了用户的数字参与方式，拓展了人类行为的边界。詹金斯[2]认为融合文化实践改变了内容生产者和消费者之间的传统边界，平台技术中介影响着人和人之间的社会交往和精神交往[3]。增加了公众对社会资源和权力支配的调用，对于公众来说，这既是一种平台赋予和主动选择的结果，也是人的行为空间的自由扩展。

2. 微粒化、分布式社会下人本逻辑的回归与重构

数字时代，传播领域的发展方向正在被重新改写，而人在传播过程中的地位也面临重构。"微粒化社会"正给人带来一种新的连接方式和组合的自由度，个体之间可以产生自由的连接，同时产生多样化的互动[4]。在数字时代，结合机器学习和数据分析等技术强化人类智能，可以实现人的从感官到意识层面的强化模拟。媒介也已经超出了人体层面的延伸，更成为人的意识以及精神层面的全面延伸。关于技术与人之间的关系，如果仅仅以传统新闻业的思维来运用人工智能，那只是把这项技术当成了技能的替代品，其对"人类思维"模拟的层面并未能体现[5]。

回归人本逻辑，以人的向度为向度，尊重人的基本需要[6]，应成为

---

[1] 胡泳（2019）. 我们缘何进入了一个被平台控制的世界？[J]. 互联网经济，（5），78-83.

[2] Jenkins, H. (2011). Convergence culture: where old and new media collide [J]. Revista Austral de Ciencias Sociales, 20, 129-133.

[3] Van Dijk, J. & Nieborg, D. (2009). Wikinomics and its discontents: a critical analysis of Web 2.0 business manifestos [J]. New Media & Society, 11(5), 855-874.

[4] 喻国明（2020）. 理解未来传播：生存法则与发展逻辑. 新闻与写作，（12），4.

[5] 陈昌凤，师文（2018）. 智能化新闻核查技术算法. 逻辑与局限 [J]. 新闻大学，（6）：42-49.

[6] 刘波（2019）. 形态、理念与策略：5G对媒体融合的深度影响 [J]. 编辑之友，（7），17-22.

数字时代媒介格局变迁的价值基点。媒体形态能否让人类主体在现实和虚拟空间中获得存在感、缓解疏离感和焦虑感，能否尊重人们在信息交往过程中的主体地位，能否促进社会传播的活力和人类社会实践探索的自由度和可能性，将成为数字时代新闻传播研究的重中之重。从单项信息传输的人机传播（Human-Machine Communication）到双向信息流动的人机交互（Human-Machine Interaction），人与机器之间的交往充分调用了人类的多感官体验和具身性主体意识，身体实践已经成为了人机交互模式的表征。智能技术造成的内向传播与沉浸体验体现了以人的意志或身体为转向的传播方式，而智能技术所创造的具身体验的最终形态将是一个外化于人类身体与精神，却反向引发人类具身体验的传播模式[1]。

3. 从去组织化到再组织化的社会结构和行为变迁

数字时代社会结构的变迁和社会行为的改变需要用动态的视角来观察或审视。在技术所构建的关系网络中，公众在内容生产和传播的过程中自发地协同和合作，个体的力量在这个过程中聚合、放大，社会阶层中的相对无权者也因此获得话语权和行动权。这种变化也让研究者们形成一种共识，即新传播技术所带来的最大的改变是"个体的崛起与组织的下沉"[2]。社交媒体"无组织的组织力量"使得处于社会中的处于分散状态的微粒个体以一种非官方化的形式聚合在一起[3]，对于个人为基本社会传播单位的赋

---

[1] 林升梁,叶立(2019).人机交往.重塑：作为"第二媒介"的智能机器人[J].新闻传播研究,26(10):87-104.

[2] 黄伟迪(2017).再组织化：新媒体内容的生产实践——以梨视频为例[J].现代传播(中国传媒大学学报),(39),123-127.

[3] 克莱·舍基(2012).未来是湿的[M].胡泳,沈满琳,译.北京：中国人民大学出版社.

权与"激活"是互联网对于社会最大的重构[1]。与传统传播组织形式相比，这种去组织化的连接方式为个体行动提供了更大的自由度和更丰富的应用场景。

从组织化到去组织化，是我国社会转型与分化的一个重要时代特征[2]。旧有的社会体制和结构丧失了其聚合公众的功能，用户赋权之下的行动网络愈发呈现出弥散化的特征。在这种背景下，新闻的生产模式也发生了改变。随着技术的发展，组织化新闻在向"协作性新闻策展"的方向演进，这种新闻生产模式也是一种开放、多节点、动态的个体化实践，众多的节点通过互动和再生产、再诠释和再传播，不断将新的资源代入原有的社会实践中[3]。个体自发的内容生产行为本质上是一种无组织或者去组织化的参与，人们共同围绕特定内容展开认同建构，在场景中使用相关符号生成话题聚集，因文化认同卷入场景形成群体效应，与其他生产要素展开互动[4]。

三、数字时代新闻传播学科迭代升级的着眼点和着手处

媒介格局的演进是在技术、社会与人的交互作用中进行的，未来媒

---

[1] 喻国明（2015）. 互联网是高维媒介：一种社会传播构造的全新范式——关于现阶段传媒发展若干理论与实践问题的辨正 [J]. 编辑学刊，（4），9-15.
[2] 徐永祥（2008）. 社会的再组织化：现阶段社会管理与社会服务的重要课题 [J]. 教学与研究，（1），24-29.
[3] 陆晔，周睿鸣（2016）. "液态"的新闻业：新传播形态与新闻专业主义再思考——以澎湃新闻"东方之星"长江沉船事故报道为个案 [J]. 新闻与传播研究，（7），24-46.
[4] 谢新洲，黄杨（2020）. 组织化连接：用户生产内容的机理研究 [J]. 新闻与写作，（6），76-85.

介的进化逻辑也将在多种传播要素的共同作用下塑造良好的媒介生态。5G技术将"物"纳入传播系统，改变了人们对媒介形态的基本认知，为"新范式"的出现与"旧范式"的转型创造了机遇，也为媒介与人之间的相互作用提供了更多的可能性。同时，5G技术还将一种"新的尺度"引入传播活动之中，为媒介创新实践、价值判断以及思维模式设立了基本规则和研究范式，为媒介格局发展与范式转型确立了相对明确的方向与目标。

1. 数字化"身体在场"延伸人的主体性参与，助推研究对象以人为本的转型

5G技术对于传媒业既是一种进化也是一场革命，而对于身处其中的个体则是增加了在另外一个空间中行动的可能性。AR/VR/MR、人工智能以及物联网等新技术正在从不同的维度重塑人类与世界的相处模式和经验交流，个体在多维的时空层级中所交流的不仅仅是思想，还有各种主动或者被动产生的"感官数据"[1]。因此，人的数字化在场以及行为的数据化是数字时代非常重要的特征，5G技术不仅仅可以将当下空间中的信息编码传输，还可以赋予另外一个时空"共同在场"的功能[2]。如果说文字的诞生是媒介技术对感官系统的第一次分割，让视觉系统脱离了感官的整体性，那么智能媒体的发展则是让分离的媒介重新聚合，智能媒介在某种程度上已经发展成为人类的电子器官[3]。也就是说，一个遥远的主体可以通过数据的远距离、高速率的传输转

---

[1] 谭雪芳（2019）.图形化身，数字孪生与具身性在场：身体—技术关系模式下的传播新视野［J］.现代传播（中国传媒大学学报），（8），64-70.

[2] 蓝江（2019）.5G、数字在场与万物互联——通信技术变革的哲学效应［J］.探索与争鸣，（9），37-40.

[3] 孙玮（2020）.媒介化生存：文明转型与新型人类的诞生［J］.探索与争鸣，（6），15-17.

换为终端层面的"身体在场"。互联网平台上"关系传播"的特质日益彰显,媒介信息的传播路径越来越依赖群体之间的人际关系网络,以研究社会连接关系为核心的社会网络分析则成为传播学领域受众研究的又一个新兴范式,其基本观点认为个人或者群体圈层的社会联系共同构成了一个"网络",而社会就是这些网络所构成的总系统。数字时代,新闻传播学研究亟待从"社会功能"主义向"人文关怀"的研究范式转变。

2. 新技术带来新的生态交互入口,带来研究方法瞬时、全息的转型

网络传播体系和传播模式的改变,直接带来的是信息传播出现平台级"新入口"。移动互联网时代形成了个人移动媒体的各大入口,数字时代也将在一定程度上遵循这个基本规律和逻辑形成交互的新生态入口。特别是5G和人工智能、物联网、云计算、虚拟现实等技术的共同作用,将会改变传统的电视媒体、广播媒体、手机媒体从网络到终端到服务都自成体系、各自为战、相对独立、相互割离的特征。新一代信息技术条件下,人与入口的交互方式会产生颠覆性改变,人工智能技术和传感器技术使得人脸识别、语音识别、体感交互都会成为"新入口"形成的机会,人的感官与思维成为各种"传感器"全息投射的对象。在数字时代,传播信息更加迅疾化、场景更加碎片化。在人与人之间连接与同步性、多通道大众传播等领域丰富了传播学的研究成果及其实践应用样式,拓展了传播效果研究在时间和空间层面的深度和精度。"瞬时效果—中期效果—长期效果"的研究框架转向,更加适宜对传播效果进行多层面多阶段的统合分析。因此,瞬时传播效果和反馈的状态,以及受众的瞬时信息加工机制、随着媒介技术和内容呈现而"流动"(flow)的生理心理特征和认知规律,都是转型时期研究受众传播效果所首先观照的问题。

3. 数据算力赋权微粒化社会，引入计算科学研究新的网络话语和结构

5G技术的进步让普通民众处在一个不断被赋能和赋权的社会进程中。大数据智能算法的应用，使传媒业态和格局发生了巨大的变化。媒体和受众之间的关系发生变革，受众不再是大众传媒时代信息的被动接收者，而是由"受"变成了"用"和"传"，由"众"变成了"户"，由作为被动的解码者转变成了集解码者与编码者于一体的用户，主动参与传播过程。信息社会化让技术民主的趋势加快，为社会上的相对无权者提供了话语渠道，普通个体的话语权得到前所未有的激活和彰显，也带来社会整体话语生态的变迁。算法根据用户的需求与个性推送新闻，使用户在一定程度上成为自己的议程设置者，打破了媒体对传播主导权的垄断。话语形态作为不同主体在不断的内容生产过程中所形成的一种动态系统，在多元主体的加入后，改变了社会话语组织模式，也在舆论场上带来了多方意见的空前崛起。在此背景下，传统的测量模式以及调查方法更加难以统合如此错综复杂的社会生态，亟需引入计算科学、社会网络分析等新的测量手段以及方式，研究微粒化、分布式虚拟空间的结构特征和话语表达，为网络空间治理和社会问题提供解决之道。

四、传播学学科迭代升级的学术逻辑与研究框架

数字技术作为一种构建全新文明形态的技术，相较于以往新技术的出现对新闻传播学科来说都是具有颠覆性的价值，正是电视、广播等视听媒介的蓬勃发展才真正催生了传播学的发展，新闻学也开始作为学校

的一种专业而出现，因此，每次技术的进步都必然带来某些学科的兴衰交替。以 5G、大数据、人工智能、区块链及 XR 等全新技术的出现相较于以往的移动互联网技术而言，不是简单的速率提升、内容多元，而是从底层架构上对整个学科进行颠覆的问题，传播内容视频化、传播主体去中心化、传播渠道随机性、传播客体新世代化、反馈机制沉浸化等，都对传统新闻传播学的理论提出深刻的质疑和否定。新闻传播学必须实现自我革新，强化虚拟空间的传播、沟通与认同，致力于网络空间社会共同体的建设与完善。

因此，以数字技术和媒介变革为视角，聚焦国内外数字智能技术的迅猛发展所带来的新闻传播学的格局变迁和范式转型，在新闻传播学研究方面实现重大突破，初步形成跨学科、产学研相结合的新的研究范式和方法，改变了中国新闻传播学研究的格局和面貌；充分利用大数据、云计算、信息科学、认知神经科学等前沿方法，观照虚拟社群、网络生态、受众认知与情感等领域，在媒介化改造、再组织化社会治理、社会心态调研、案例库建设等方面提升研究能力与资政贡献，形成高水准建树，进一步提升新闻传播学科的现实解释力、发展的控制力与预测力。

对于数字文明时代传播技术演变所带来的整个文明形态巨变的认识与把握，从学术逻辑的角度看，可以通过两个关键词加以概括："格局变迁"和"范式转型"，理论逻辑的起点在于数字时代媒介的"格局变迁"，而落脚点在于传播学学科的"范式转型"。（见图 1-1）

如图 1-1 所示，分析数字技术的现状特征与未来发展趋势，以建构传播学内在逻辑、话语体系、研究范式为目标，从数字时代媒介技术革命与演进逻辑、传播场域的革命性改变（传播生态的深刻改变）、社会场域媒介化改造（社会生态的深刻改变）、社会治理的再组织化图景和范式转型

（社会实践场域）、研究范式的转型与内在机制（研究范式框架）这五个基本方面展开，以期形成从互联网到元宇宙相对完整自洽、逻辑一致的新型传播格局与社会文明的新范式。

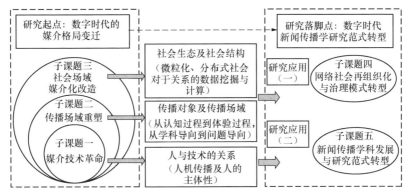

图 1-1　从互联网到元宇宙的新型传播格局与社会文明的新范式

由此，大致可以分为五个方面展开研究，由表入里，层层深入，在理论建构的基础上进行问题梳理，最终落脚到实践操作，尝试为传播学意义上的认识与把握拓展思路、突破瓶颈。首先，"媒介技术革命"部分重点论述媒介演进的逻辑、机制与未来，为其他层面的研究构建理论框架，解决的是媒介化社会"是什么"的问题；"传播场域重塑"和"媒介化改造"分别从学科内部的革命性改变以及社会结构的媒介化改造入手，从行动场域、共同体以及行动者等层面出发，解决新媒介"怎么样"塑造社会形态的问题；"再组织化与治理模式转型"聚焦于网络社会的治理模式，梳理了社群发展的去组织、自组织到再组织的过程，拟解决数字时代新闻传播场域应该"做什么"的问题；"新闻传播研究范式转型"落脚于最终的研究范式与操作路径，抓住学科的研究对象、认知机制以及数据权力等关键着眼点，解决传播学研究实践应该"怎么做"的问题。（见图 1-2）

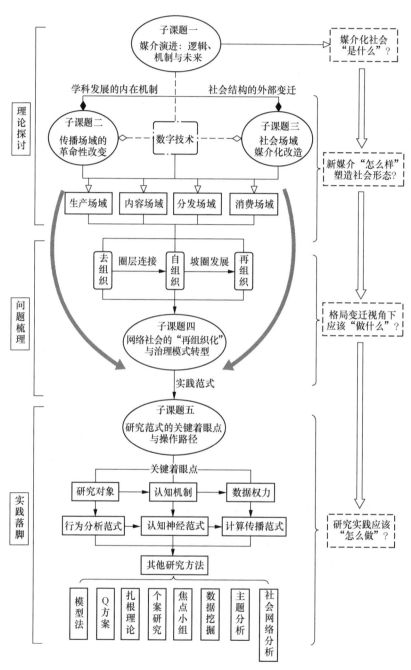

图 1-2 数字时代新闻传播的格局变迁与范式转型

五、研究"元立场":贯穿理论的"定盘星"与"压舱石"

1. "以人为本"的媒介化视角

本书的研究视角和根本宗旨是回归人的主体性,虽然技术的底层"座架"作用日益突出,但人始终是技术发展的主宰。无论未来 5G 技术如何改变人与机器的关系,人始终是主体。因此,无论是研究新闻传播业态的改变、传播互动关系的革新还是人机交互机制,从人类自由度方面探析媒介演进的基本逻辑,并从"技术的社会建构"角度探析媒介技术进化三元力量之间的关系,将媒介演进的基本逻辑探析从技术逻辑转向人本逻辑来考量,将媒介与社会变迁之关联的研究从决定范式转向互构范式,以"人"作为主体考虑人与信息、人与他人、人与技术、人与社会的关系,更符合数字时代下的媒介观并与媒介研究视角相契合。

2. 媒介与社会行动者网状互构的复杂性视角

对行动者行为的意义进行深层次的分析。数字革命的发展,使得海量信息源的出现与信息链接总体关系的剧增,信息传播路径本身也打破时空、打破线性成为复杂的传输系统。在这样一个人人彼此相联、社交网络四通八达的世界中,如果不了解社会中关系、实践与秩序的变化,我们是无法仅仅依靠捕捉几个有限变量而进行社会管理和政治决策的。对新型行动者的研究并不是依托量化研究和数据挖掘能全部表征和显现的,需要的是对于经验事实的深刻体认和理解。因此,本书将引入多学科的方法和视角,研究信息生产者、分发者以及接受者的信息与媒介观念,从复杂性和价值观入手理解和诠释传播主体行为变迁的意涵。

3. 传播研究范式存量改革、增量突破的生态学视角

数字时代,未来媒介的演化路径是进一步向复杂媒介生态的方向演

变，而当下的平台型媒体则作为承载媒介复杂性和主题多元化的稳态架构，从媒介生态的视角出发考察媒体治理范式的变革以及研究范式的转型，将成为未来媒介研究的主要路径。在多中心化的媒介生态环境下，以数据为基础的算法更能够建立起由宏观媒介环境和微观治理主体之间协同化、多层次和立体化的网络信息治理系统，针对信息发展的不同阶段建立针对性的计算机制，打破各个传播要素之间的信息壁垒；认知神经科学研究范式的引进则解决了个体认知的差异，解析人脑全息图景，能够从微观层面精准探测个体认知的瞬时反应，弥补了行为主义范式的不足。因此，新闻传播学科应顺应当下从自组织到再组织的趋势，提出新的研究范式，拥抱跨学科的前沿研究工具、手段、方法，实现研究范式存量的配置转型以及增量的突破创新，从而推动整个学科发展的结构性改变。

第二章
媒介演进的历史逻辑、发生机制与未来可能

【章节导读】

面对5G等新技术冲击,作为"工具"的媒介释义正遭遇解释力危机,厘清未来媒介的演进逻辑和机制成为传播学的重要命题。本书综合技术自主论及社会建构论双重视角,以凯文·凯利"技术进化三元力量"作为分析框架,先从必然性规律角度阐释媒介将始终遵循拓展人类自由度的必然逻辑演进;然后从偶然性、开放性条件角度,结合以往媒介技术发展的"实然状态"剖析社会对媒介"发明—炒作—遇冷—协商发展—稳定应用"的五个建构阶段;最后以史为鉴,推断未来媒介将会在全要素整合的互联网生态系统中实现对个体"感觉总体"的全面赋权。此外,目前关于未来媒介(诸如"元宇宙")的讨论多着眼于媒介的"应然"状态,但就媒介演进机制来看,还需要关注媒介技术"实现"的社会性条件及个体能动性实践。

一、问题的提出：探讨媒介演进的"技术自主"与"社会建构"

面对 5G 技术冲击，作为"工具"的媒介释义正进一步遭遇解释力危机。传统来看，媒介常被释义为用于传递信息的物质形态或物质工具，是一种显现的实存。而在数字时代，一方面，"万物皆媒"打破了媒介作为"物"的概念外壳，媒介泛在化趋势愈显；另一方面，"万物互联"强调媒介的连接属性比工具属性更为重要，媒介作为连接双方的一种"中介"而存在。因而学术界对"媒介"的认识发生了重大的共识转向，从强调实体存在的"工具性"媒介论转向强调超越物质指向的"中介性"媒介论[1]。麦克卢汉等媒介环境学派研究者对媒介技术与人类社会关系的考察为我们重识"媒介"提供了新思路。在他们看来，相较其他技术，媒介技术与社会的关系更显盘根错节，媒介不仅是"人的延伸"，为人类活动带来一种新的"尺度变化、速度变化和模式变化"[2]；更是"社会关系的隐喻"，通过"一种'去蔽'的方法塑造'世界'，人在此'世界'中相遇"[3]。概言之，我们对媒介的理解不应仅从作为实体技术的角度入手，而应从技术与社会之关系角度切入，把媒介技术看作人感知和经验外部世界的"中介"和"连接者"。

学者们在探讨技术与社会关系时主要采用技术自主论与社会建构论两种视角。技术自主论（Technological Autonomy）主张把媒介技术看作自变

---

[1] 胡翼青. 显现的实体抑或意义的空间：反思传播学的媒介观[J]. 国际新闻界，2018,40(2): 30-36.

[2] 马歇尔·麦克卢汉. 理解媒介：论人的延伸[M]. 何道宽，译. 北京：商务印书馆，2000:34.

[3] 安德鲁·芬博格，等. 海德格尔和马尔库塞：历史的灾难与救赎[M]. 文成伟，译. 上海：上海社会科学院出版社，2010:1.

量,把社会看作因变量,认为媒介技术有内在的发展逻辑,其发展一定程度独立于人类社会[1]。例如,麦克卢汉的"延伸论"就极为强调媒介技术的自主性及其对社会的作用力。他认为人类在机械时代凭借分解切割的媒介技术完成身体在空间维度的延伸;在电力时代凭借电力媒介技术(Electric Technology)完成中枢神经系统的延伸;伴随新媒介技术创造,人类正在向着延伸的最后一个阶段——模拟意识延伸前进[2]。社会建构论(Social Shaping of Technology)主张将社会看作自变量,将媒介技术看作因变量,指出技术演进方向受科学、政治、经济、伦理等外在环境作用[3],强调媒介技术最终形态受到"各种处在讨论中的技术知识,以及影响技术发展的社会行动者"共同决定[4],没有一种媒介技术存在既定的进化路径。例如,Lievrouw 等研究美国阿帕网(Appanet)的早期推进过程后发现,使用者的能动介入和社会外源环境最终将美国阿帕网从一个国防交流媒介"建构"成社会普遍使用的大众传播媒介,脱离技术内置的演进路径[5]。社会建构论克服了技术自主论忽视媒介社会性面向的缺陷。

然而,无论是将媒介演进视为"自主"的,亦或"社会建构"的,都无法全面描绘媒介技术的演进过程,因为媒介技术与社会本就无法分离来谈,

---

[1] Winner L. Autonomous technology: Technics-out-of-control as a theme in political thought[M]. MIT Press,1978:13.

[2] 马歇尔·麦克卢汉. 理解媒介:论人的延伸[M]. 何道宽,译. 北京:商务印书馆,2000:5.

[3] MacKenzie D, Wajcman J. The social shaping of technology[M]. Open University Press, 1999:462.

[4] Winner L. Upon opening the black box and finding it empty: Social constructivism and the philosophy of technology[J]. Science, Technology, Human Values, 1993, 18(3): 362-378.

[5] Lievrouw, Leah A.,and Sonia Livingstone. Handbook of new media: Social shaping and consequences of ICTs[M]. Sage, 2006:260.

我们只能同时谈论"社会的技术"及"技术的社会"。常被视为技术自主论代表的凯文·凯利在《科技想要什么》一书中对技术演进过程做了"社会建构"视角的修正分析,提出一种同时关照技术自主论与社会建构论的技术演进分析框架——技术进化的三元力量(见图2-1)。凯文·凯利用生物进化类比技术演进,说明技术"去往"的最终方向是技术"必然"受到社会"选择"扭曲后的路径,"一方面'基因'作为内在驱动因素引导了生物进化的一般方向,另一方面'你是谁'还受到生活环境和成长过程等现实关联因素的影响"[1]。具体来说,技术进化的三元力量其一是必然性规律,指由技术结构带来的自发推动力量,这让技术进化经历一系列必然形态;其二是偶然性条件,指历史和环境中与技术接入相关的事件、机会等条件;其三是开放性条件,指人类的自由意志和选择对技术开放多元性的塑造[2]。其中,必然性逻辑是内在力量,偶然性条件与开放性条件是外在力量——只有在偶然性条件和开放性条件能够匹配媒介必然性规律的基础上,新媒介技术才能从"可能"变为"现实"。

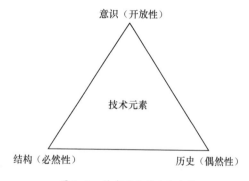

图 2-1 技术进化的三元力量

为弥合既有媒介演进研究中存在的"技术自主论"与"社会建构论"

---

[1] 凯文·凯利. 科技想要什么 [M]. 熊祥, 译. 北京: 中信出版社, 2011:178.
[2] 凯文·凯利. 科技想要什么 [M]. 熊祥, 译. 北京: 中信出版社, 2011:183-184.

之偏向与断裂，更全面、融合地解析媒介演化进路，本文将以凯文·凯利提出的"技术进化的三元力量"为分析工具，首先从必然性规律角度阐释媒介技术迭代的"应然状态"；其次从偶然性、开放性条件角度，结合以往媒介技术发展的"实然状态"剖析其社会建构的过程；最后展望探讨未来媒介格局，以期更深入地认知"媒介何往"这一命题。

二、媒介技术演进的"应然"：以人类自由度为轴的自主发展逻辑

传播场域如今面临巨大变局，唯有洞见传播的核心概念"媒介"之内核，厘清媒介技术演化的中心逻辑和"应然"状态，才能准确定位传播的其他问题。

在麦克卢汉的"延伸观"及莱文森的"补偿观"中，均显示了媒介观中最核心的观点，即认可媒介的人本主义，强调媒介演进的逻辑起点是人类本身。如彼得斯所言，媒介技术的发明与应用之动力来源都是人类对自我与他人、私人与公共、内心思想与外在语词之间的"交流"的渴望[1]。以人类视角反观媒介演进史，可以发现它实际是一段人类实践半径不断扩大的历史[2]。把握人类自由度的拓展之势，就是把握住了媒介技术演进的内在规律。

关于"自由"的讨论，约翰·穆勒在《论自由》中这样定义："自由"意味着人类可以免于某种限制，这是人类在现实生活中能够自主选择的关

---

[1] 约翰·杜翰姆·彼得斯. 对空言说：传播的观念史 [M]. 邓建国，译. 上海：上海译文出版社，2017: 3.
[2] 喻国明. 互联网是一种高维媒介 [J]. 教育传媒研究，2016(1): 39-41.

键[1]。所谓"自由度",就是人类在现实生活中能够免于或突破某种限制的程度与范畴,"程度"指向人类纵向的限制突破,"范畴"则指向人类横向的限制突破。人类的主体自由度是标示主体性强弱及主体与其他客体价值连接宽窄的统一哲学概念[2]。媒介演进之"应然",即围绕赋予人类纵向、横向突破限制的能力和权利来发展。

(一)媒介技术的必然逻辑:人类自由度的纵向发展与横向扩张

纵向与横向,是事物演进的基础面向,也是媒介技术演进的基本方向。人类主体性借由媒介所拓展的自由度也总发生在这两个维度:一方面,媒介技术的升级让人类愈加具备突破"物质个体"限制的能力,包括突破时间、空间、社会、身体等的限制;另一方面,媒介技术的迭代愈加给予人类从微观走向中观、宏观社会关系的横向连接可能性。

就纵向来说,媒介技术通过对"物质个体"的中介化来拓展人类自由度。用麦克卢汉的话来说,这是媒介一步一步对于人类物质身体进行延伸与中介的过程,"一切人造的东西都可以当作是过去用身体或身体的一部分所行使的功能的延伸"[3]。口语传播时代,媒介技术对人类物质个体的中介化程度最低,人们唯一可以借用的媒介技术就是自己的身体,此时人类几乎没有任何突破限制的能力。文字传播时代,纸张的发明与使用为传播提供更经济便携的载体,人类首先具备突破时间限制的能力;随着印刷术的发明推广,人类借由印刷媒介实现时空穿梭,进一步具备空间层面的自由度。电子传播阶段,音像技术因不受文化程度限制打破阶级界限,具有

---

[1] 约翰·穆勒.论自由[M].顾肃,译.北京:译林出版社,2011:20.
[2] 朱高建.试论主体的自由度[J].重庆邮电大学学报:社会科学版,1993(2):1-4.
[3] 马歇尔·麦克卢汉,弗兰克·秦格龙.麦克卢汉精华[M].何道宽,译.南京:南京大学出版社,2000:118-119.

即时性、同步性，媒介对时空的中介程度更深，人类拥有脱离社会阶层的能力，通过远距离传播创造更具有想象力的环境[1]。到互联网传播时代，人类的自由选择更多——在"人人为我，我为人人"的关系网络中每个人都可以重建社会资本，人类基于物质身体的身份特征都可以在媒介平台中重新建立[2]。进入4G数字时代后，媒介朝着再造"数字主体"的方向发展，媒介不断为人与人，人与物以及人与物理世界、心理世界提供联结，实现"我与超我"的对话。概言之，随着人类物质身体不断被中介的过程，媒介技术也沿着深化人类"空间-时间-关系-身份-身体"自由度的方向渐序向前。

就横向而言，媒介技术通过对社会关系的"再组织"扩张人类的活动半径，在更广的范围内将各种"行动者"联结起来。个体的连接边际越广，个体的自由度就越高[3]。口语传播时代，人类的连接半径较小，几乎只能与自己身边的亲朋个体交流，媒介的连接力局限在近距离、实体空间中一对一的微观层面。文字传播时代，媒介通过报纸、图书将较远距离的人们连接在一起，人们可以通过与他人的文字交流进入中观层面的群体交往。随着电子传播时代、互联网传播时代的深化及媒介化社会的到来，媒介技术从以往孤岛式、散落式的社会关系组织形态向重新连接一切的方向改变，媒介以社会宏观"操作系统"的模式将所有个人纳入宏观的社会关系网络中，将连接拓展至宏观层面。未来，在深度媒介化社会中个人横向连接的

---

[1] Best K. Redefining the technology of media: Actor, world, relation[J]. Techné: Research in Philosophy and Technology, 2010, 14(2): 140-157.

[2] Lievrouw L A. New media, mediation, and communication study[J]. Information, Communication & Society, 2009, 12(3): 303-325.

[3] De Zúñiga H G, Copeland L, Bimber B. Political consumerism: Civic engagement and the social media connection[J]. New Media & Society, 2014, 16(3): 488-506.

半径相较如今将得到质的提升，无不连接，无不到达。如尼葛洛庞帝所言，媒介通过社会关系的再造"赋权"个体，让人们能够在数字化生存中找到超越以往任何一个时代的主体性和自由感[1]。

（二）必然逻辑下的演进趋势：曲折中的周期性前进

人追求自由，必然陷入某种不自由。鲍尔格曼也曾用"双重视域"的角度提醒研究者们在考察媒介"应然"之态时应该"既看到它带来的解放，也看到它制造的控制；既看到其中潜在的民主，又看到那些因为媒介被剥夺了的权利"[2]。进言之，媒介在围绕人类自由度逻辑前进的过程也并非是线性发展的，相反从历史来看其前进趋势偶尔会有反复。

媒介演进中的反复实际是有目的回溯，是媒介为求得人类自由度在其他维度的拓展而一定程度舍弃人类在某一维度所取得的既有自由度的路径。例如，从口语媒介发展到数字媒介的人类社会经历了从"部落化"解体到"再部落化"的过程，也是一个个体主动性失落又重新回归的过程。具体来讲，口语传播时代由于人们没有具备时空传递性的媒介可供使用，因此人类处于高度部落化、面对面交流的群体传播中；随着印刷媒介、大众媒介对个体自由度横向解放，一种线性的、逻辑的、阶层化、精英化的传播模式逐渐解体了从前连接紧密的人类群体，进入"去部落化"时代；直到数字传播时代，媒介技术复现人类从前面对面交流的状态，人类社会又开始"重新部落化"[3]。媒介技术虽然在不断拓展人类的横向连接能力，

---

[1] 尼古拉斯·尼葛洛庞帝.数字化生存[M].胡泳，等，译.海口：海南出版社，1997:266-267.

[2] Borgman C L. Designing digital libraries for usability[J]. Digital library use: Social practice in design and evaluation, 2003: 85-118.

[3] Moran E, Gossieaux F. Marketing in a hyper-social world: The tribalization of business study and characteristics of successful online communities[J]. Journal of Advertising Research, 2010, 50(3): 232-239.

但个体在该过程中的主动性和选择自由性却有所下降；直到互联网传播时期传受双方地位逐渐平等，个体的主动性和选择自由性又不断回归。概言之，当个体连接其他行动者的横向能力愈强时，反而不得不牺牲一定程度突破"物质个体"的纵向能力，如选择进入某个传播群体或组织，舍弃媒介对"物质个体"身份和阶层的解放。

这意味着必然性逻辑的前进趋势是"杂合"式的，要么增加新自由度，要么牺牲旧自由度。虽在不同维度的自由度上有得有失，但总的来看，新媒介较旧媒介总是能够获得更高的自由度总量，推动媒介在反复与曲折中周期性挺进。

三、媒介技术变迁的"实然"：偶然性条件、开放性条件的社会建构

理想状况下，媒介始终朝着赋权个体的逻辑演进，但单纯讨论脱离社会的媒介演进逻辑只是一种乌托邦式的理论想象。媒介作为一项在创造阶段拥有多种未定"可供性"的技术，从一项"可能的技术"最终变成应用期的"现实的技术"并不必然受技术内生逻辑的牵引，还与外在的社会匹配条件有关。换言之，媒介的"实然"状态还得看其"技术性格"与"社会风土"是否相适应[1]，"技术的社会建构"（Social Construction of Technology，以下简称 SCOT）理论聚焦于媒介发展的"社会风土"，通过对技术"相关社会群体"（Relevant Social Group）的"灵活性阐述"（Interpretative Flexibility）（或称为媒介技术的功能、作用阐释），说明技

---

[1] 森谷正规. 日本的技术：从最少的耗费取得最好的成就 [M]. 徐鸣, 译. 上海：上海翻译出版公司, 1985:14-15.

的社会建构过程[1]。

（一）媒介技术的建构力量：历史环境的偶然扭曲及技术相关群体的开放创造

在凯文·凯利看来，技术演进的社会建构力量涉及与历史、环境有关的偶然性条件，以及人（尤其是技术使用者、设计者等相关群体）的自由意志给技术带来的开放性。

就偶然性条件来说，媒介技术发展受到现实物质条件、制度条件及人文条件的合力作用。物质条件主要指自然条件（如地域）、经济实力条件（如社会基础设施）等社会硬件系统，这些条件给媒介技术带来根本约束力，规定技术实现的"基本盘"。以电视媒介应用的早期过程为例，只有地域、交通、模拟数字信号网等社会基础设施相应匹配时，电视媒介才有可能真正落地。制度条件包括政治、经济、媒介、技术相关制度条件以及技术平台、企业组织形式等条件，对媒介技术落地造成"硬约束"，起到规定"使用底线"的作用，不同组织形式和政策条件会造就不同的互联网媒介产品。人文条件则指媒介使用者的教育程度、文化水平、媒介素养等因素，这是媒介技术落地的"软约束"，新媒介需与人文条件匹配，否则在社会中接入易引起问题，导致技术使用效果的正负向偏倚[2]。例如，不匹配时可能出现低俗传播、暴民等问题。

就开放性条件而言，媒介技术最终状态是在相关个体的"使用"和"驯服"（Domestication）中形成的。个体的认知、态度和行为都会对媒介技术

---

[1] Bijker W E, Hughes T P, Pinch T J. The Social Construction of Technological Systems: New Directions in the Sociology and History of Technology[M]. London: The MIT Press, 2012:21-23.

[2] Thoman E. Skills and strategies for media education[J]. Educational Leadership, 1999, 56: 50-54.

产生"驯化"作用,让媒介朝向人类想要的方向发挥出其希望的功能,如在年轻人看来更便捷的社交媒体在老年人身上可能会丧失部分交流沟通功能;对互联网媒介持正面态度的年轻人会开发出互联网媒介的多元功能,而对互联网媒介持负面态度的老年人则会谨慎使用,媒介开放性无法体现。作为"使用中的媒介"(Media in Use),"驯服"能让"个体参与、挪用,并将媒介技术带回家,让它们从陌生、存在威胁的新事物变得可接受和熟悉起来,嵌入日常生活中"[1]。

(二)媒介技术的建构过程:基于技术成熟度曲线的 SCOT 分析

媒介技术从"新兴"走向"成熟"始终伴随着社会的建构作用,因而原本应该平滑发展的技术演进曲线会因社会建构力量而扭曲成有起有伏的发展路径。高德纳咨询公司通过统计社会因素对技术发展的影响数据,将技术的社会建构过程拟合为"技术成熟度曲线"(Hype Cycle)(见图 2-2),说明技术发展会被建构成四个时期:"技术诞生期"(Innovation Trigger)、"泡沫巅峰期"(Peak of Inflated Expectations)、"泡沫破裂低谷期"(Trough of Disillusionment)及"稳步爬升期"(Slope of Enlightenment)[2]。SCOT 理论从技术相关群体的灵活性阐释视角将该社会建构过程简化为三个阶段:发明、协商、稳定[3]。综合 SCOT 理论及技术成熟度曲线,可将媒介技术的社会建构过程理解成一个受社会条件及个体能动实践影响的成熟度建构过

---

[1] Silverstone, R. and Mansell, R. Communication by Design. The Politics of Information and Communication Technologies[M]. New York: Oxford University Press,1996:13.

[2] Fenn J, Raskino M. Mastering the hype cycle: how to choose the right innovation at the right time[M]. Boston: Harvard Business Press, 2008:09.

[3] 戴宇辰.传播研究与STS如何相遇:以"技术的社会建构"路径为核心的讨论[J]. 新闻大学,2021(4): 15-27+119.

程。(见表 2-1)。

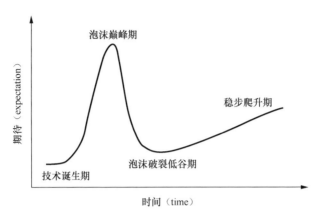

图 2-2 技术成熟度曲线

在媒介技术的发明阶段,"相关社会群体"主要指媒介技术的发明者、经营者等内缘核心群体,由于人们欠缺对新技术的了解,因而人们将旧媒介的功能向新媒介做惯性延伸,对媒介技术的"灵活性阐释"处于"标准化"范畴;此时媒介技术对物质及制度条件的匹配要求非常高。在媒介技术的炒作阶段,相关社会群体拓展至外沿群体,包括投资者及社会其他爱好者等,该阶段由于社会对新媒介技术关注过热,不同群体的"灵活性阐释"各异,对媒介技术的看法差异最大,使媒介技术获得了最大的"灵活性"。然而,由于社会经济、制度及人文条件仍处于旧媒介时代的现实局限下,无法满足突然"膨胀"的新媒介"落地"条件,带来期望破裂,导致外沿群体逐渐退场,媒介技术进入遇冷阶段。此后,媒介技术的内缘核心群体开始针对"遇冷"现状反思,并对社会物质、制度、人文条件提出建设要求,随即政府入场牵头展开对媒介稳步发展的协商讨论,媒介技术进入协商发展阶段。经过协商,相关社会群体会对媒介技术的功能阐释由"灵活"走向共识达成、进而封闭。最终,媒介技术潜力闭合,完成从发明到现实中规模应用的过程。

表 2-1　媒介技术变迁的实现机制

媒介技术发展阶段	相关社会群体	灵活性阐释	社会建构力量
发明阶段	内缘核心群体入场	"标准化"阐释	要求社会条件扶持
炒作阶段	外沿群体入场	"多元化"阐释	社会多元化建构
遇冷阶段	外沿群体退场	阐释走向"闭合"	社会条件不匹配"过热期待"
协商发展阶段	政府入场，牵头引导内缘核心群体	验证发展所接受的灵活性阐释	社会力量协商建构
稳定应用阶段	政府牵头引导内缘核心群体，辐射外缘群体	阐释最终"闭合"	社会条件匹配新技术落地

四、未来媒介的样态：以全要素整合为基础的赋权性媒介

从媒介演进的必然逻辑及建构过程中可以看到，"媒介的社会"以及"社会的媒介"已无法分开来谈。知旧以见新，探析媒介演进的机制是研判未来媒介形态的基础。

（一）媒介演进的总体机制：围绕人本逻辑的社会选择过程

总言之，媒介演进机制是"应然"与"实然"相互作用、技术与社会互构的过程。

首先，新媒介是旧媒介围绕人类自由度新需求出现的"变异"。新媒介在旧媒介已有的"技术存量"上发展而来，"变异"的牵引力是人类在新时代的自由需求。如莱文森在媒介"补偿观"中所言，新媒介总是在"传承"旧媒介所有功能的基础上延展新功能。例如，5G 这一看似革命性的媒介技术也是在 1G～4G 互联网媒介渐进和累积的发展中产生的。

其次，新媒介"变异"将受到社会现实条件及媒介相关群体的能动"选

择"。同一时间内具有相似功能的新媒介和旧媒介展开竞争，争夺自然、市场、政府及用户群的支持。不同媒介技术会因多元的社会建构力量呈现出不同发展成熟度，唯有能满足人类未来自由需求的媒介才可越过技术泡沫破裂的低谷，成为社会改造力量；反之其他媒介技术将"灭绝"、消失。

最后，成功进入稳步发展期的新媒介将与社会一同"协进化"。新媒介与支持它的社会环境互相维持、促进，媒介以自身逻辑使社会向有利于自身延续、传承的方向改变。Hjarvard 将这一阶段称为媒介化（Mediatization）阶段，新媒介通过"吞并"部分的传统权威，成为社会的"行动者"之一[1]。直到社会发展过程中人类产生新的自由度渴望，新一轮演进将再度出现。

（二）未来媒介：互联网媒介之上的人类"感觉总体"回归

从媒介演进机制中可粗略窥见未来媒介的样态。未来媒介会在既有互联网媒介技术的存量基础上，全面、整合地拓展人类自由度。

首先，未来媒介已初步具备互联网提供的基础建设、用户生态、产业集群等存量条件。Web 1.0 时代，互联网发展主要着眼于基础设施建设与软件服务完善[2]，集中在产业端蕴蓄。Web 2.0 是面向用户端（To C）的，新技术在向用户端转移和普及的过程中爆发。Web 3.0 为包含 5G 在内的新媒介技术做产业准备，初步呈现出全要素聚合的样态。一旦 Web 3.0 的产业准备搭建完成，Web 4.0 聚焦无限渠道、无时无刻、无限内容的互联网生态级系统也将来临，未来媒介也将实现落地。

---

[1] Hjarvard. The mediatization of religion: A theory of the media as agents of religious change[J]. Northern Lights: Film & Media Studies Yearbook,2008,6(1).

[2] 伯纳多·胡伯曼.万维网的定律:透视网络信息生态中的模式与机制[M].李晓明,译.北京:北京大学出版社，2009:34.

以此为基础，未来媒介的着力点在于以更整合、全面的方式拓展人类自由度。传统的、相对散落的媒介总是通过对个体某一方面的延伸以拓展人类活动半径，因而传统媒介对个体的赋权总是以分割感官为前提的，个体很难在媒介世界中获得如同真实个体般的全感官体验，无法实现人的"感觉总体"回归[1]。但是在全要素整合的新互联网系统中，人类更希望在媒介中得到全感官复制的体验，感受到"镜像"般的数字孪生世界。换言之，未来媒介致力于让个体超越"分割式"的赋权，得到"感觉总体"的全部赋权，在数字世界中以完全的个体形态探索更多的实践空间。

目前，互联网业界已经将对未来媒介的种种期许和想象放置在"元宇宙"（Metaverse）之上。从媒介逻辑来看，元宇宙确实为理解未来媒介提供了一种可能的方向，但正如前文所述，未来媒介的"实现"仍需接受社会选择。目前，"元宇宙"还处在从发明向炒作过热阶段发展的过程中，不论是历史环境的限制还是用户的能动性限制，都让真正意义上的"元宇宙"无法在短期内落地实现，这项技术从可能走向现实仍有一段漫长的社会嵌入的距离。因而，虽然"元宇宙"满足了我们对未来媒介嬗变逻辑的想象，但就媒介演进机制来看，我们还需要着眼于那些能让"元宇宙"越过技术泡沫破裂低谷的社会性条件及个体能动性实践——这才是我们面向未来传播的着眼点和着手处。

---

[1] 约书亚·梅罗维茨.消失的地域:电子媒介对社会行为的影响[M].肖志军,译.北京:清华大学出版社，2002:154.

第三章
算法视域下的未来传播与全社会的"媒介化"

【章节导读】

算法技术已然成为社会数字化、网络化、智能化转型的基础设施与关键驱动力。在社会进一步媒介化的过程中,以算法技术为代表的新媒介更是媒介深度嵌入社会的"助推器"。如何更好地把握算法新媒介技术嵌入日常生活的广泛影响是回应媒介化社会种种研究问题的必要前提。我们需要摆脱对媒介效果研究"中介性角色"的固化思路,结合社会结构、空间研究与日常生活的新研究视角,将媒介与个体借由行动空间串联起来,从媒介化的理论视角出发,研究算法时代媒介技术及其应用对社会的广泛影响,关注算法新媒介以何种逻辑作用于整体社会,分析媒介对社会形态、社会联结与社会实践的复杂影响,这对于理解媒介化进程中的个体、媒介与社会具有重要意义。

// 第三章 // 算法视域下的未来传播与全社会的"媒介化" //

媒介与传播技术不断发展演进的另一个侧面是现代社会已然完全由媒介所"浸透"（Permeated），媒介的效力开始渗透到曾经与之相分离的领域，并且以自身的逻辑改变这一领域既有的系统规则，使之不得不适应"媒介逻辑"，这种媒介与其他社会领域之间关系的结构性转型就是媒介化（Mediatization）。当前，以互联网和智能算法为代表的数字媒介重构乃至创造了受众依托媒介所开展行动的场域，推动社会进入以个体为基本运作主体的"微粒化社会"，在给人带来一种新的连接和组合的自由度的同时也改变了社会的组织形式以及交往方式，逐渐基础设施化的媒介正在以自身逻辑重新调整社会形态与社会结构。而以算法为代表的新媒介正是这一过程的"助推器"。

在媒介深度嵌入社会方方面面的当下，如何更好地把握算法新媒介技术嵌入日常生活的广泛影响？本章着眼于回答两个层面的问题：其一是算法新媒介如何重构社会基本形态，即算法时代新传播规则是如何作用于其他场域的问题；其二是传播学研究应该如何在复杂的媒介现实中去解答第一个层面的问题，特别是对算法新媒介技术开辟出的新的社会行动方式和组织起的新的社会交往关系的考察路径。在深度媒介化的社会中，领会媒介传播技术变革和社会变迁之间全景式的关系，全面勾勒描述新媒介逻辑对社会实践的形塑，对于理解媒介化进程中的个体、媒介与社会具有重要意义。

一、助推深度媒介化：算法为代表的新媒介正在以自身逻辑改造社会

（一）技术基础：算法技术是社会数字化、网络化、智能化转型的基础设施与关键驱动力

算法技术是社会各类资源实现全新连接方式并显著提升其配置效率的

关键基础性智能技术，它能为实现海量设备互联和差异性服务场景提供突破性的支持。依托算法技术的发展，原本受限于既有产业框架、社会框架及人类实践边界而无法实现的全新应用迸发出巨大的活力，智慧家庭、智慧城市、云工作、云医疗、行业自动化已逐步成为现实。

首先，算法应用发展有利于加快高新技术融合赋能，算法的新特性、新能力为各项技术的深度融合、相互促进、规模应用进一步提供了可能，不断催生出诸多新业务、新模式、新业态。

其次，算法应用发展有利于加快传统产业转型升级，算法将为传统产业等一系列国民经济的支柱性产业赋能、赋值、赋智，有力驱动管理理念、生产方式的变革。

最后，算法应用发展有利于加快治理能力现代化。算法网络的广泛覆盖，可将社会治理的感知触角广泛延伸、深度下沉，让数据"出谋划策"，形成科学化、精细化、智能化的治理能力。而未来算法技术应用发展的要点则在于针对信息消费、实体经济、民生服务三大重点领域，在信息技术融合发展、各行各业共塑算法产业链、各级政府协同带头的前提下，实现政策、产业再到各领域算法实际应用的最终落地。

可见，算法技术是经济社会各领域深度融合，推动社会数字化、网络化、智能化转型的基础设施与关键驱动力。数字改变生活，算法改变社会。以数据资源这一关键生产要素优势优化原本的经济社会架构，使整个人类社会的生产生活发生深刻变革。根据当前算法技术嵌入日常生活后的实践改变，讨论各种基于算法技术形成的新传播介质和形态如何整体重构人们的生活，结合社会结构的全景变迁，把握算法技术对人、组织与社会各领域重塑的基本样态，有助于我们更好地探索未来算法技术对于传播学科、媒介产业以及社会治理的意义与应用进路。

（二）社会改造：以算法为代表的基础性新媒介是社会媒介化的重要助推器

当前媒介已在社会中无处不在，媒介与其他社会范畴相互建构，作用于人类社会形态的媒介形式其意义远胜于其内容，媒介塑造的文化形态越来越社会现实化，甚至直接出现了媒介所造就的行动场域和社会场域，这种社会适应媒介环境的变革过程被称之为"媒介化"[1]。这意味着媒介与其他社会领域之间关系的结构性转型，也意味着不同社会角色之间社会交往和关系的变动模式，包括个人与组织、个人与媒介、社会与媒介关系的变革。学者们普遍认为媒介化是重新锚定媒介与当代社会政治、文化、经济生活之间关系的有力抓手，强调不可将媒介与文化和社会机制分离看待[2]，关注媒介与其他社会范畴相互建构的过程与结果成为传播研究的热点议题。

媒介化研究有三种不同的研究视角。其一是物质性的视角，强调关注媒介本身以及传播技术的物质特性，强调"媒介化与媒介结构中固有的空间概念，也具有物质的一面，通过它，文化实践与日常生活得以物化"[3]。其二是文化的视角。强调主体与传播工具的过程性互动，即媒介提供了新的传播手段，而这又为改变人类生活方式提供了新的可能性，它的基本逻辑是社会建构的传统，即人类可以使用媒介来改变社会的建构方式[4]。其三是"制度化"的研究视角。即将媒介的形式视为一种"独立的制度化力量"，

---

[1] Asp, K(2014). News media logic in a new institutional perspective. Journalism Studies, 15(3), 256-270.

[2] 戴宇辰 (2018). 媒介化研究：一种新的传播研究范式 [J]. 安徽大学学报：哲学社会科学版，42(2), 147-156.

[3] Lundby, K. (2014). 1. Mediatization of Communication (pp. 3-38). De Gruyter Mouton.

[4] 施蒂格·夏瓦，刘君，范伊馨. 媒介化：社会变迁中媒介的角色[J]. 山西大学学报（哲学社会科学版），2015, (5). 59-69.

强调媒介作为社会现实框架的组成要件。制度视角致力于阐释特定情形下社会结构如何扮演社会交往的资源，以及社会结构如何通过能动性得以再生产和变化。这也是所谓媒介逻辑的作用规则，"社会生活的扩展序列特别是某些社会制度逻辑受到媒介形式的影响"[1]。媒介逻辑被用来描述媒介所具有的制度的、审美的、技术的独特样式及特质，包括媒介分配物质和符号资源的方式，以及借助正式和非正式规则运作的方式[2]。

作为媒介形态变迁的重要驱动力量，技术的每一次迭代更新，都带来传播质量和效率的提高、媒介对前技术环境的复制能力的增强，以及虚拟环境与现实边界的模糊。从社会因素来看，技术的合目的性与合手段性的叠加，又会在传播技术得到成功推广运用后，引发社会制度、社会功能以及传播场景的革新，从而导致社会结构、交往方式、传播方式、认知模式等多方面的改变[3]。算法技术作为各类媒介技术质效提高的一种基础性新媒介，其迭代与发展能够牵动一系列新媒介形态的变革与更新。算法技术扩展了社会与媒介结构中的行动空间，扩展了人以媒介改变社会的实践空间，以自身融合、高速、互联的特质进一步经由其他具体媒介应用改造社会的方方面面，可以说，以算法技术为代表的基础性新媒介是社会进一步媒介化的助推器。

人类社会的发展史，就是一部从强连接（前大众传播时代）状态到弱连接（大众传播时代）状态，再到"强—弱"连接并举且协同（数字传播时代）状态的发展史，也是从低度信息化向高度信息化逐步演变的历史过程。数字时代以算法为媒，更是一个以人机互动、高度智能化为主导特征的崭新

---

[1] Altheide, D. L., & Snow, R. P. (1992). Media logic and culture: Reply to Oakes. International Journal of Politics, Culture, and Society, 465-472.

[2] 施蒂格·夏瓦 (2018). 文化与社会的媒介化 [M]. 刘君，李鑫，漆俊邑，译. 上海：复旦大学出版社.

[3] 喻国明，杨雅. 数字时代：未来传播中"人—机"关系的模式重构 [J]. 新闻与传播评论, 2020, 73(1): 5-10.

时代。由于当代信息技术的应用特别是移动通信和社交网络的普及,分隔于全球各个不同地理空间、不同时区的各个人类个体和群体越来越高度互联、高频互动,社会生活的方方面面、世界的角角落落正在加速进入全面"数字化"[1]。在以算法技术为代表的新媒介影响之下,社会生活的媒介化正在使得社会日趋演变为新的社会形态,与之相关的一系列社会关系、社会实践与社会秩序变革需要我们以更广泛的理论视角与多样的方法工具去开展研究。

二、算法时代的媒介化社会:范式演变与实践革新

社会如何因算法这样的媒介技术而演变?媒介化是一个基于人类传播行为的"元过程"[2],是一种新的交流情境(Context)的出现。这种情境扩展了个体的社会实践方式,并且使得使用者有了更多的参与公共活动的可能性。媒介化不能被视为一种社会机制向媒介逻辑的"臣服"过程,而应被视为一种媒介扩展社会实践者实践可能性的"非决定"过程[3]。因此,在回答"媒介如何影响更为广泛的文化和社会"这一问题时,我们应该摆脱传统研究的"中介性角色",着眼于考察"是否有特定的行动场域(Fields of Action)因为媒介而展开或者关闭"[4]。因此,如果以行动场域作为桥接媒

---

[1] 涂子沛 (2013). 大数据:正在到来的数据革命,以及它如何改变政府、商业与我们的生活 [M]. 桂林:广西师范大学出版社. 43.

[2] Hepp, A. (2012). Mediatization and the 'molding force' of the media. Communications, 37(1), 1-28.

[3] Couldry, N. (2008). Mediatization or mediation? Alternative understandings of the emergent space of digital storytelling. New media & society, 10(3), 373-391.

[4] Couldry, N., Listening beyond echoes: Media, ethics, agency in an uncertain world, Boulder, CO: Paradigm Publishers, 2006, 47.

介实践与社会互动的对象，将媒介宏观影响中观化乃至微观化为场域结构性效力的分析思路，可以为我们解决"媒介如何影响社会"这一问题提供一个更为有力的抓手。在分析实践的基础上，再将观察视角缩放至中观视阈，对媒介的制度化力量，也就是"社会扩展序列"的变革进行分析，也许是解决这一宏大问题的一条可行之路。

（一）难点与切口：面对媒介化社会的经验研究需要回到社会结构与社会实践本身

媒介化并非简单的效果研究，需要通过传播逻辑的剖析去探究社会与媒介之间的关联，从社会实践的角度去解构"媒介化"这一宏大命题，将媒介化的程度、构成、影响从实践描摹的基础上勾勒出来。当前，媒介化研究主要面临三个经验性挑战：历史性、具体性和可测量性[1]。

1. 历史性：即媒介化理论的时间维度，也就是说，将媒介化作为一个过程来看待，关注媒介化前后的变化。从普通的大众新媒介到算法时代的智能应用，媒介技术和人类日常生活之间的相互依存关系已经远超出了"中介化"曾经指代的那种交互关系，转而走向媒介化的共生关系，数字化与智能化应用的普遍性正在将这种社会变革的元过程扩展到"深度媒介化"的阶段[2]、[3]、[4]。媒介化是一个动态变化的过程，与此同时，算法技术的

---

[1] Bengtsson, S., Fast, K., Jansson, A., & Lindell, J. (2021). Media and basic desires: An approach to measuring the mediatization of daily human life. Communications, 46(2), 275-296.

[2] Andersen, J. (2018). Archiving, ordering, and searching: search engines, algorithms, databases, and deep mediatization. Media, Culture & Society, 40(8), 1135-1150.

[3] Couldry, N., & Hepp, A. (2018). The mediated construction of reality. John Wiley & Sons.

[4] Hepp, A. (2016). Pioneer communities: Collective actors in deep mediatisation. Media, Culture & Society, 38(6), 918-933.

技术形态、应用面都在不断扩张，但现有研究在选择最具代表性与影响力的技术的过程中缺少一定的媒介化分析。

2. 具体性：即考察媒介对不同结构、要素、群体产生影响的差异。社会是一个极其宏大而又宽泛的研究对象，在分析社会结构时，既要避免一叶障目，顾此失彼，又要关注到社会结构中具有代表性的各个要素与分析层面，这是一个非常复杂而又难以把握的命题。本土有关媒介化社会的现有研究大多挂一漏万，少有研究结合经验材料对于媒介如何深度影响社会进行细致、全面的探讨。此外，在分析中观与微观视阈中的各个要素，如社会空间、社会关系、社会实践时缺少多元研究方法，没有对研究对象进行更为全面精准的剖析，理论视角、研究维度与分析框架较为单一。

3. 可测量性：意味着以不同的行为者和个人在多大程度上调整了他们的实践和行为去衡量媒介化，在把握变化的过程中对媒介化变革做出理论阐释。媒介化研究虽已在国际传播学界成为热门议题十数载，但由于其作用机制与结果的复杂性，鲜少有人通过量化方法或量化质化结合的方法对其进行分析，也没有对于社会媒介化程度的描摹与测量。此外，如果采用量化质化结合的方法对算法时代社会的媒介化变革进行分析，尽管有可供参照的变量框架，但是该框架尚未得到较多验证，需要根据本国国情进行本土化修改，研究效果也有待考察。

如何突破上述的难点？Hepp 主张以"型态"（Figuratioon）来理解媒介产生的多方面影响，这是一条理解媒介化社会结构转变的有利途径，不是从某一种特定的媒介开始，而是要研究"人的型态"（Figurations of Humans，如群体、社区、组织等），以及它们如何与不断变化的媒介环境一起转变，即我们是如何存在于这个复杂的"再型态化"（Re-figuration）过程的。而这一过程是在实践行动的基础上展开的，只有当人们的实践以某种根本性的方式发生变化时，并且当人与人之间结构化关系与对待实践的取向发生变化时，才会存在与媒介相关的变化。

因此，媒介化研究需要超越传统的媒介效果研究范式，将媒介与个体借由行动空间串联起来，将社会学相关概念融入媒介化研究的学术视野。在理论层面，结合媒介化型态化方法相关理论与社会学中结构和实践相关的经典理论，去理解步入深度媒介化后的算法时代中社会宏观、中观、微观层面的变化，从而将复杂现象理论化，对媒介化理论及其宏观效果研究有所贡献。

（二）社会的媒介化变革：关系、实践与秩序的重构

社会学领域关于社会结构构成的不同解释为媒介化社会研究提供了有力的分析视角，社会结构中各要素关系、实践与秩序的重构，也就是媒介之于社会产生"媒介化效果"的过程与结果。随着信息技术的更新迭代与不断渗透，社会形态正在重新构型，传统社会空间正在向网络社会空间转型，固定性空间向流动性空间转型。

社会是一个宽泛的概念。一般是指由自我繁殖的个体构建成的群体，占据一定的空间，具有其独特的文化和风俗习惯。但对于社会由什么内容与结构构成，社会学家的解释各有其考量[1]：一些学者强调社会是关系的整合，如布朗、涂尔干、齐美尔与列维·斯特劳斯，他们的观点各有不同，但其共性是均认为社会关系是社会的构成基础，关系的变化影响社会的形态，而社会结构只是社会关系的一种模型体现而已[2]。不同之处在于，他们所谈及的关系有所差别，如马克思所谈的"关系"主要是生产关系，而其

---

[1] 郑杭生，赵文龙 (2003). 社会学研究中"社会结构"的涵义辨析 [J]. 西安交通大学学报（社会科学版），23(2), 50-55.

[2] 包智明 (1996). 论社会结构及其构成要素 [J]. 社会科学辑刊, (5), 29-34.

构成的社会经济结构制约着整个社会生活、政治生活和精神生活的过程[1]。另一种观点认为人的社会交往是社会关系、结构、空间的来源。如布劳的"社会地位分化造就多维空间"[2]，柯林斯的"互动仪式聚集于时空产生和维持结构"[3]，都在强调人与公共空间互动所产生的社会结构性变化。还有一种观点指出，生产与实践是社会的基础，如斯宾塞说，"社会是由支持、分配、调节三大系统组成的整体结构"[4]；帕森斯认为"社会结构是包含不同功能的行动系统"[5]。而在吉登斯口中，社会是在实践活动的基础上组织起来的，而结构是一种体现在社会系统再生产中的资源和规则[6]。

社会结构的相关论述为媒介化社会提供了有力的分析视角，如果将媒介化后的社会视为一张依托媒介相互勾连的网络，那么媒介就成为控制各个独立节点社会机制的开关。在吉登斯那里，一个独立的社会机构有两个显著特征：规则（Rules）和资源的分配（Allocations of Resources）。而媒介就拥有那种"使其余社会机构不断的依附于媒介所控制的资源，以至于为了获得这些资源，他们不得不受制于媒介运作过程中的一些具体性准则"的能力[7]。媒介化社会理论强调了媒介在社会制度和人的行为两个层面的建构作用，与结构功能主义或结构主义的观点不同，这种理论在论及制度时并不在于强调社会结构而忽略能动性，或牺牲社会实践而强调制度秩序（Institutional Order）。相反，它致力于阐释特定情形下社会结构如何扮演社会交往的资源，以及社会结构如何通过能动性得以再生产和变化。有

---

[1] 马克思、恩格斯 (1972). 马克思恩格斯选集：第二卷 [M]. 北京：人民出版社.
[2] 彼特·布劳 (1991). 不平等和异质性 [M]. 北京：中国社会科学出版社.
[3] 兰德尔·柯林斯 (2009). 互动仪式链 [M]. 北京：商务印书馆.
[4] 舒晓兵, & 风笑天 (2000). 结构与秩序的解构——斯宾塞，帕森斯，达伦多夫的社会变迁思想评析 [J]. 浙江学刊, 1, 82-85.
[5] Parsons. T (1951). Social System. New York: Free Press.
[6] 安东尼·吉登斯 (1998). 社会的构成：结构化理论大纲 [M]. 北京：三联书店.
[7] Hjarvard, S (2013). The mediatization of culture and society. Routledge.22.

学者认为这种结构化转向是"结构"与"行动"二者化合的开始,这为媒介化社会理论奠定了最为坚固的理论基石[1]。而本书认为在这种意义上,社会结构中各要素关系、实践与秩序的重构,正是媒介之于社会产生"媒介化效果"的过程与结果。

早在 20 世纪 90 年代,卡斯特就在《网络社会的崛起》中强调:信息技术的流动与既定的社会机制之间是一种动态的相互影响的关系。而这种围绕信息技术渗透重新构型的社会形态,正是依托信息逻辑而展现的社会。卡斯特认为流动空间(Space of Flows)与地方空间(Space of Places)的逻辑存在结构性分裂。尽管人们生活在地方空间里,但地方已经逐渐脱离其历史和地理根植性,融入功能性网络中,进而导致流动空间取代地方空间。这正是基于网络化的逻辑和全球化的视角,阐述传统社会空间向网络社会空间的转变、固定性空间向流动性空间的转型。

在此基础上,甄峰提出从实空间、虚空间到灰空间的三元空间假设:实空间为现实中各种社会经济活动的物质载体,虚空间是技术搭载的信息流动的虚拟空间,而灰空间是虚实空间相互融合形成的过渡性空间。实空间可以被分隔和边界所界定,虚空间可以通过互动和联结所定义,灰空间则兼备虚实空间的特征,时空既可以同步又可以异步,处于虚实空间的夹层内。三元空间假设结构示意图如图 3-1 所示。但在社会媒介化进程加快之后,三元空间的关系也可能发生调整:虚空间成为灰空间与实空间之间交流的"桥接者",而实空间中的大部分节点转移至灰空间之上,构建出新的社会形态与社会格局。这种空间框架的改变与行动场域的变革息息相关[2]。

---

[1] 胡翼青,杨馨 (2017). 媒介化社会理论的缘起:传播学视野中的"第二个芝加哥学派"[J]. 新闻大学, (6), 96-103.
[2] 甄峰 (2004). 信息时代新空间形态研究. 地理科学进展 [M]. 23(3), 16-26.

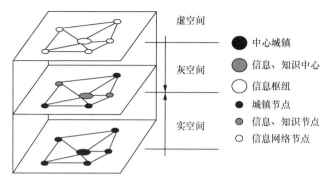

图 3-1　三元空间假设结构示意[1]

已有学者从这一角度论述媒介技术给社会带来的影响：随着移动通信技术的爆发式增长，人们的时空观得到扩展，虚拟社会成为现实社会的延伸，未来的网络社会也将进一步实现移动化、泛在化和智能化，人与物质世界也将实现无所不在的连接。算法技术推动虚拟与现实边界的消失，[2]虚拟空间作为一种新的空间形式，使得原先单一固化的时空元素，经由新媒介技术的切割与组合，从主体生存环境不断地转变为塑造主体的动力[3]。媒介化的影响也不止于文化等非实体层面，其对物质资源的重要调配作用也逐渐为学者们所关注[4]。还有学者提出，如果以社会互动实践和信息交换去衡量社会形态，那么当下的社会秩序已被技术颠覆：全球单个个体都被纳入到同一张社交之网，以前相隔万水千山的人当下彼此相互影响、相互牵连，我们所生活的世界正在加速走向一体化、系统联动性和高复杂不确定性。"权力正从国家向网络转移，凭借信息技术我们的社会互动正取代等级

---

[1]　甄峰 (2004). 信息时代新空间形态研究. 地理科学进展［M］.23(3)，16-26.

[2]　陈力丹，陈少娜，高璐 (2016). 从 4G，5G 到未来的光子计算机——传播科技对社会结构的影响［J］. 新闻爱好者，(12)，10-14.

[3]　孙玮 (2020). 媒介化生存：文明转型与新型人类的诞生［J］. 探索与争鸣，1(6)，15-17.

[4]　Kannengießer, S., & McCurdy, P (2020). Mediatization and the Absence of the Environment. Communication Theory.

结构作为社会组织形式的主导地位"[1]。而在这样一个人人彼此相联、社交网络四通八达的世界中，如果不了解社会中关系、实践与秩序的变化，我们无法仅仅依靠捕捉几个有限变量而进行社会管理和政治决策[2]。

（三）个体的媒介化生存：再社区化的实践生活

媒介技术重新设定了人类意识与行动的框架，人们被重新社区化于媒介之中，媒介成为了社会行动得以发生的场域，人们不仅借此来互动，还借此来"生存"。媒介成为了人们的生活方式，它借助信息的力量，不断地融入着人们的日常生活。媒介的发展变革不仅影响着公众对情境的理解，而且还不断地给情境注入新的内涵，把不同的情境进行叠加。因此，媒介在不断地调整着旧有的社会关系和社会秩序，并生产着新的社会结构。而这种新的社会结构又一定会不断丰富和改良，恰恰就是以这种方式建构着社会秩序和社会关系。结构的改变"参与了诠释和定义的过程"，使得"联合的行动得以形成"[3]。在此基础上，人的实践及其构成的生活发生变化。

从媒介化的两种研究传统中，我们也可以看到媒介化于个人生活的作用，夏瓦强调媒介化是"社会或文化生活（诸如工作、休闲、游戏等）中的核心要素采取了媒介的形式，或是社会或文化活动的结构和符号性内容由媒介环境所影响"[4]。所以旅游和媒介消费共享了同一逻辑[5]，媒介化问政

---

[1] 曼纽尔·卡斯特 (2006). 网络社会的崛起（第3版）[M]. 北京：社会科学文献出版社.

[2] 戴长征，鲍静 (2017). 数字政府治理——基于社会形态演变进程的考察 [J]. 中国行政管理，9，21-27.

[3] 高宣扬 (2005). 当代社会理论（下册）[M]. 北京：中国人民大学出版社.664.

[4] Hjarvard, S (2013). The mediatization of culture and society. Routledge.

[5] Jansson, A (2002). Spatial phantasmagoria: The mediatization of tourism experience. European Journal of Communication, 17(4), 429-443.

成为新的公共参与途径[1],除此之外还有宗教[2]、游戏[3]、时尚[4]等与生活息息相关的领域都已被媒介变革锻造呈现出新的景观。日常生活的媒介化,也意味着媒介化行为与日常生活的相互渗透与融合,媒介化行为成为主要的生活方式之一,人与人的互动也更多地依赖公共媒介[5]。还有学者提出今天媒介化的个人已经成了"链接的自我"(The Tethered Self),意即总是在线,在我的手机上、在网络上、在即时信息上,"永久在线"(Permanently Online)[6]是媒介环境的最大变革。以上都体现出媒介化环境变革对于个人的影响之深远。

媒介化社会中的个体并非是使用与满足的受众,并非是观看展演的自恋受众,他们在生活脉络中付诸媒介实践,把媒介融入生活,以媒介搭载生活。因此要关注媒介作为新生活、交往、表达的承载物的意义,将媒介视为行动空间的开拓者,社会资源关联的节点、社会关系维系和再生产的平台。对于媒介化生存中的个体来说,媒介从较为中观的中介角色演化为

---

[1] 闫文捷,潘忠党,吴红雨(2020).媒介化治理——电视问政个案的比较分析[J].新闻与传播研究,v.27;No.185(11), 39-58+128-129.

[2] Renser, B., & Tiidenberg, K. (2020). Witches on Facebook: Mediatization of Neo-Paganism. Social Media+ Society, 6(3), 2056305120928514.

[3] Renser, B., & Tiidenberg, K. (2020). Witches on Facebook: Mediatization of Neo-Paganism. Social Media+ Society, 6(3), 2056305120928514.

[4] Puig, M. T., Serrano-Puche, J., & Sánchez-Blanco, C (2021). Mediatization of fashion: an approach from the perspective of digital media logic. In The Routledge Companion to Fashion Studies (pp. 403-411). Routledge.

[5] 彭兰(2020).视频化生存:移动时代日常生活的媒介化[J].中国编辑,No.124(4), 36-42+55.

[6] Freytag, A., Knop-Huelss, K., Meier, A., Reinecke, L., Hefner, D., Klimmt, C., & Vorderer, P (2021). Permanently online—always stressed out? The effects of permanent connectedness on stress experiences. Human Communication Research, 47(2), 132-165.

无处不在的宏观基础设施角色后，这种行动空间和生存环境的改变势必会带来其个人生活与依托媒介展开的生活的双重变革。

三、算法媒介逻辑下社会"媒介化"的四大发展主题

基于上文所述，对于算法如何影响社会形态变革这个大问题的研究，总体上可以进一步再拆分为按"媒介逻辑—行动场域—共同体—行动者"的思路展开。即从媒介化的理论视角出发，研究算法时代媒介技术及其应用对社会的广泛影响，关注算法时代的媒介以何种逻辑作用于整体社会，并以媒介建构新的行动场域的逻辑，从建构主义的角度分析媒介对社会结构（宏观）、社会联结（中观）与社会实践（微观）的影响。

首先，媒介化的理论视角认为，媒介可以与其他社会范畴相互建构，作用于人类社会形态的媒介形式其意义远胜于其内容。这一研究视角强调了媒介逻辑对社会的建构作用，也强调了媒介与社会的相互形塑，人作为居间主体，其实践具有能动性，因此可以通过宏观和中观型态与实践的分析对媒介化进行解构。其次，媒介塑造的文化形态越来越社会现实化会产生媒介所造就的行动场域和社会场域，这为我们引入空间的概念，借助空间的分析框架可以探究行动场域中不同社会角色之间社会交往和关系的变动模式，包括个人与组织、个人与媒介、社会与媒介关系的变革。最后，从实践视角分析媒介化能够为我们搭建经验材料分析的理论基础。实践可小可大，但与媒介化的整体社会结构有所对话的实践分析，能够更好地帮助我们把握媒介化研究的微观、中观、宏观三级变化。

具体而言，算法新媒介影响下的社会媒介化研究有以下五个值得进一步挖掘的重要研究问题。

（一）问题一：算法时代社会媒介化实践的核心逻辑与建构机制

如前文所述，信息技术的流动与既定的社会机制之间是一种动态的相互影响的关系[1]。而这种围绕信息技术渗透重新构型的社会形态，正是依托信息逻辑而展现的社会。一旦新的信息技术扩散，并被不同国家、相异的文化、各种组织和各式各样的目标挪用，便会迅速扩大成为各种应用和用途，并反哺技术创新，加快速度，扩大技术变迁的范围，使其来源更多样化。媒介不只是"中介"，更是将社会要素重新排列组合，形塑互动发生的方式[2]。厘清算法时代媒介重塑社会的逻辑是研究的重要前提，这一前提又可以拆分为两个研究问题：其一是发现 算法技术与社会媒介化之间关系建构的前序逻辑，即所谓的"媒介逻辑"是什么；其二是结合媒介化的理论工具，分析算法技术产生社会范围影响的作用机制，这一步是后续各类研究开展的有力支持与理论抓手。

（二）问题二：算法时代媒介化社会的时空构造、产业形态与空间关系

进入算法时代，经由媒介技术，人与环境发生了前所未有的融合，计算机是"人类和环境的更大回路上的一道圆弧，计算机从该回路上接收信息，并且计算机据此使自身输出的信息产生作用"[3]。这一改变使得算法相关技术成为分配社会资源与调节社会运行效率的关键，技术的媒介化延伸将带来社会生态的广泛变革。当前媒介已在社会中无处不在，媒介与其他社会范畴相

---

[1] 曼纽尔·卡斯特 (2006).网络社会的崛起（第3版）[M]. 北京：社会科学文献出版社. 7.

[2] Hjarvard, S (2004). From bricks to bytes: The mediatization of a global toy industry (pp. 43-63). na.44.

[3] 托马斯·瑞德. 机器崛起：遗失的控制论历史 [M]. 王晓，郑心湖，王飞跃，译. 北京：机械工业出版社，2017: 158.

互建构，作用于人类社会形态的媒介形式其意义远胜于其内容，媒介塑造的文化形态越来越社会现实化，甚至直接出现了媒介所造就的行动场域和社会场域[1]。库尔德利强调，媒介的研究应该摆脱传统研究的"中介性角色"，着眼于考察"是否有特定的行动场域（Fields of Action）因为媒介而展开或者关闭"。社会并不是铁板一块，等待着行动者利用媒介来适应其各个场域之互动规则。媒介事实上本身与社会处在一种相互互动的关系之中，既存在着凭借媒介介入的旧有社会空间，又存在着依据媒介建立的新型社会空间。而行动场域正是个体生存与群体组织依附的最原初结构。

我们应当关注在算法时代媒介化作用的拉力下，哪些特定的社会行动场域因为媒介逻辑展开或关闭了。在此框架内，有三类重要的"场域变革"值得进一步讨论。其一是作为人生存的基本环境，在算法技术的干预下，媒介化社会中的时空构造发生了何种变化？具体而言，原本物理空间和虚拟空间的融合互构是如何发生的？其二是原本的产业形态与资源调配机制发生了什么变化？这其中包括生产力、生产资料以及上层建筑和文化结构的变迁。我们已经看到了一些改变，如直播带货，就是原本的零售业基于直播的媒介逻辑发生的产业转型，而这种变革不止于售卖形式，更是关键资源、生产链条与业务链条的重构。其三是一个更为关键的问题：与之前的社会相比，媒介化社会中原本的实空间、虚空间与灰空间在人类社会中的结构、位置发生了什么变化？解决上述问题有助于对算法时代媒介化社会做出更细致的剖析，为后续进一步研究新技术条件下研究范式与社会治理的转型奠定基础。

（三）问题三：算法时代媒介化社会中的群体聚合、圈层关系与制度建构

当今媒介技术发展有一种趋势，其应用感受趋于隐形化，媒介仿佛

---

[1] Asp, K (2014). News media logic in a new institutional perspective. Journalism Studies, 15(3), 256-270.

是透明的，但影响力却愈发强大，社会生活中处处潜藏着媒介的印记[1]。当前社会的组织架构逐渐由传播的连接来承载和构建，在这种构建过程当中，传播起到了穿针引线的激活者、设计者、整合者和推动者的作用，促使其在新的行动场域中，在整合与匹配的基础上形成价值、形成群体，构造出新的关系结构和惯习规则。按照齐美尔的观点，关系是社会的基本构成部分。社会实际上存在于每一个栖身其中的个体之间的相互影响之中。换言之，社会是这种联结关系的体现，正是由于个体与个体之间的相互互动、相互作用，才形成了社会的全部样貌[2]。关系勾连群体，群体组织制度，对于媒介化造就的空间中关系的变化进行探究就显得十分必要。芝加哥学派也认为传播是社会关系的本质，传播创造与维持社会，而媒介是传统人际传播的延伸，是新型社会中人与人相互联系、交流的桥梁和纽带，是他们创造新的"共同体"之希望所在[3]。在新的行动场域中产生了哪些新的社会共同体？有什么关系的联结规律与制度的演化？我们应当从制度化与建构化的理论分析视角，即将媒介的形式视为一种"独立的制度化力量"，强调媒介作为社会现实框架的组成要件的作用，分析社会结构的中层构建、社会生活的扩展序列特别是制度逻辑受到媒介形式的何种影响[4]。在此基础上从社会结构的不同层面，选取个案进行分析，考察算法技术与应用对群体聚合机制、关系的媒介化演变以及借

---

[1] 孙玮 (2020). 媒介化生存：文明转型与新型人类的诞生 [J]. 探索与争鸣, 1(6), 15-17.

[2] 齐美尔, 林荣远 (2002). 社会是如何可能的：齐美尔社会学论文选 [M]. 桂林：广西师范大学出版社. 361.

[3] 周葆华 (2008). 效果研究：人类传受观念与行为的变迁 [M]. 上海：复旦大学出版社. 40.

[4] Altheide, D. L., & Snow, R. P (1992). Media logic and culture: Reply to Oakes. International Journal of Politics, Culture, and Society, 465-472.

助正式和非正式规则运作的方式[1]。

(四)问题四：算法时代媒介化社会中个体的生活情境、信息交互与公共参与

随着算法技术与应用的爆发式增长，人们的时空观得到扩展，虚拟社会成为现实社会的延伸，未来的网络社会也将进一步实现移动化、泛在化和智能化，人与物质世界也将实现无所不在的连接。时空观的改变、虚拟与现实边界、人与物的智能互联，使人的延伸达到新的极致[2]，这将影响每一个个体的日常"媒介化生存"。以智能算法为代表的算法媒介推动社会进入以个体为基本运作主体的"微粒化社会"，个体于社会中开展实践行动的半径扩张，特别是借助媒介开展的信息交流与社会交往因为媒介有了更宽广的活动空间，作为行动者的个体势必产生观念、认知与习惯的调整与转变。Couldry说"媒介化"带来新的交流情境（Context），扩展了个体的社会实践方式，并且使得使用者有了更多的参与公共活动的可能性[3]，这些实践恰恰构成了吉登斯口中的"社会"，即作为常规化的社会实践活动得以组织起来，在散布在时空之中的日常接触里得以维持的[4]。对个体社会实践的探究勾连了关系与空间，将媒介化社会中的结构性因素与能动性因素统一起来，描摹媒介化社会的真实图景。

个体行动者如何依照所谓的媒介逻辑、准则、形式和规律展开个人与

---

[1] 施蒂格·夏瓦(2018).文化与社会的媒介化[M].刘君，李鑫，漆俊邑，译.上海：复旦大学出版社.73.

[2] 陈力丹，陈少娜，& 高璐(2016).从 4G, 5G 到未来的光子计算机——传播科技对社会结构的影响[J].新闻爱好者，(12), 10-14.

[3] Couldry, N (2008). Mediatization or mediation? Alternative understandings of the emergent space of digital storytelling. New media & Society, 10(3), 373-391.

[4] 安东尼·吉登斯.社会的构成[M].北京：三联书店，1998.

社会性活动？解决这一问题必须针对媒介化社会最微粒要素——个体展开分析，将个体视为在媒介开创的空间中具有主观能动性的行动者，跳出媒介作为一种"传播工具"的认知范式[1]，将媒介相关的实践与伴随媒介逻辑产生的惯习勾连起来，发现媒介化社会中的个体如何实现"媒介化生存"，考察媒介化生存中信息交互行为被赋予了何种新的实践意义，媒介化社会中微粒化的个体又是如何在社会中以媒介为支点产生社会性影响。这是对算法时代媒介化社会中个体行动自由度与连接性的探索，也是从个体的行动实践反观媒介化所创造的"空间"之意义与影响。

四、简要的结语

未来社会步入更深度媒介化已成大势，探究媒介化社会中个体、群体与整体社会结构变化，有助于更好地调整社会各要素媒介化的进程与深度，使之与社会发展的其他方面更好地产生联结，发挥媒介作为社会资源、社会功能即社会价值创造的激活、整合、促进、协同等组织作用，从而获得媒介化的所谓"红利"，帮助各产业、机构、群体与个人顺应深度媒介化的浪潮。

在算法时代，人与人、人与内容以及人与环境之间的联结变得轻而易举，信息的均质流动使得人不再像农耕时代受到地理阻隔需要独立决策，在此基础上，群体形成合意的机制、民意信息与数据的反馈以及社会的虚实多重结构使得传统的管理模式受到冲击，我们正在走向一个基于媒介建构的一体、联动、复杂不确定的社会[2]。媒介化不仅改变着生活方式与社会

---

[1] 戴宇辰 (2018). 媒介化研究：一种新的传播研究范式［J］. 安徽大学学报：哲学社会科学版，42(2), 147-156.
[2] 曼纽尔·卡斯特 (2006). 网络社会的崛起（第3版）［M］. 北京：社会科学文献出版社. 7.

实践，也在改变着社会的形态、运行状态与社会秩序的治理模式。因此，了解媒介化社会的复杂成因，解构媒介化的影响因素，剖析关系、实践与社会结构的媒介化转向，对于未来的社会发展与治理也有更为深远的现实价值。

第四章
媒介升维下的"场景时代""元宇宙"与"心世界"

【章节导读】

本文认为媒介是连接人的全部社会关系的纽带,而媒介迭代之"新"就意味着为这个纽带的连接提供了新的尺度、新的内容和新的范式。在此基础上,文章探讨了未来媒介的进化逻辑,具体分析了从"场景时代"到"元宇宙"再到"心世界"的未来媒介演进逻辑及其对于人的社会实践自由度的维度突破。

一、"新媒介"嬗变的核心逻辑

元宇宙问题的提出引发了我们对于传播领域的核心概念——媒介及新媒介的深层思考。如何定义媒介？如何理解新媒介之新？其更新迭代的深层逻辑是什么？可以说，对于媒介的本质理解关系到我们对于传播、尤其是未来传播自觉及有预见性的把握的关键。

媒介（Media）一词来源于拉丁语"Medius"，意为两者之间。媒介是传播信息的组织形式，指人类社会一切用来传递信息与获取信息的工具、渠道、载体、中介物或技术手段及其所有形式。如何来理解"新媒介"之新呢？从理论的渊源上看，加拿大著名传播学者麦克卢汉"媒介是人的延伸"的论断为重新理解媒介提供了有创见的思路。在麦克卢汉看来："所谓媒介即信息，只不过是说任何媒介（即人的任何延伸），对于个人和社会的任何影响都是由于新的尺度产生的；我们的任何一种延伸（或曰任何一种新的技术），都是要在我们的事务当中引进一种新的尺度……任何媒介或者技术的'信息'都是由它引入的人间事物的尺度变化、速度变化和模式变化。"[1] 这就意味着，媒介是人感知和经验外部世界的"中介"，即"连接者"。它不是或主要不是指器物本身（如报纸、广播、电视之类不过是这些连接关系的承载者，而不是这种连接关系本身），而是由其关联起来的全部关系和意义的总和。从本质上说，任何一种媒介技术都是对于人的社会关系与关联的一种形式构造，人的任何社会关系的发生、维系与发展都依赖于作为中介纽带的媒介。因此，人类社会的一切媒介，本质上是其社会关系的隐喻，它构造了社会，而其任何意义上的变化与迭代，则在相当大的程度上引发和促成社会的变革与迭代。因此，正如麦克卢汉所言，"任

---

[1] 马歇尔·麦克卢汉. 理解媒介——论人的延伸 [M]. 何道宽，译. 北京：商务印书馆，2000：33-34.

何的新媒介都是一个进化的过程，一个生物裂变的过程，它为人类打开了通向感知和新型活动领域的大门"[1]。也就是说，任何媒介技术的升级换代，其实就是人类社会的社会关系的再造及基于这种社会关系再造的资源再分配。显然，"新媒介"（New Media）的本质不是指具体的工具实体在实践序列上的先与后，而是指每一次传播技术改进或革命所带来的社会联结方式的改变与拓展，即新媒介之"新"，本质上是看它是否为人类社会的连接提供新的方式、新的尺度和新的标准。由此，使人们能够探索更多的实践空间，能拥有更多的资源和更多的领地，去展示和安放人们的价值、个性以及生活的样态。

由于信息技术的革命，传播媒介的迭代也在以一种"更高、更快、更强、更聚合"的方式在进行。在"万物皆媒"的时代，媒介正在由"传递信息的工具"转向"关系的纽带"，由此，媒介的形式外延被大大拓展：任何一个客观存在于人们周围的"物"（一张餐桌、一个教育系统、一杯咖啡、一个教堂里的讲道台、一个图书馆的阅览室、一个油墨盒、一台打字机、一套集成电路、一间歌舞剧场、一个议会）都可能传达信息，但它们并不是自然而然成为"媒介"的，它们成为媒介的关键取决于它们所关联的社会要素对于此一场景下的人的重要与必要程度，以及这个人基于这种关系认知与感觉基础上的决策，由此，所谓媒介就不再只由媒介机构和媒介实体来定义，而是由媒介使用者基于关系的认知来界定的。什么能够以"更高、更快、更强、更聚合"的方式帮助人们来认知和定义这些关系的价值及重要性、紧迫性呢？显然，基于数据与人工智能处理的算法恰恰将所有这些内外部关系关联起来，进行重要和必要性评价，并提供这种可供性给予特定场景中的人选择与决策的"中介物"（即媒介），由此，我们

---

[1] 马歇尔·麦克卢汉. 理解媒介——论人的延伸[M]. 何道宽，译. 北京：商务印书馆,2000: 27.

说"算法即媒介",这是未来媒介的基本形式。

换言之,在信息技术革命带来的万物互联、万物皆媒的新传播图景下,媒介正在发生着的系统性的形式变迁:从有限输入源、有限时空选择、有限内容,到无限渠道、无时无刻、无限内容,加之个体化框架的内置,构成了一个生态级的复杂系统,这使得传统意义上将媒介看作信息传递工具的认知范式已丧失解释力。媒介天然是一种居间性的概念,这种关系联结属性随着技术发展逐渐成为最关键的媒介形式逻辑。而构成智能时代"基础设施"的算法则成为一种更高意义上的媒介,它通过一系列判断架构连接、匹配与调适价值关系,形塑认知、建构关系、整合社会。把算法理解为一种媒介,不仅为解读算法的社会性提供了有益视角,更高度概括了新传播图景下媒介运作核心逻辑在于价值关系联结,对把握未来传播中主流媒介的建设路径具有特别重要的启示意义。

二、"场景时代"是媒介作为"人的关系连接"在现实世界的最高形式

传播技术的发展不断带来"新的媒介",这些新媒介表征着新的社会连接方式、尺度与标准,使人们能够探索更多的实践空间,能拥有更多的资源和更多的领地,去展示和安放我们的价值、个性以及生活的样态。

一部媒介发展史,就是人类凭借媒介的升级迭代不断地突破现实世界的限制走向更大自由度的过程。譬如,在口语传播阶段,人类除了身体外没有任何传播技术可以借用,需要亲身参与在场的交流,凭借语言进行跨空间的交流、凭借记忆进行跨时间的交流;壁画、雕刻等象征性活动的兴起使得人类超越了自身的生物边界,其中最重要的是文字的出现,它从空间

和时间上弥补了语言缺陷，更具保存性、统一性以及符号性；纸张的发明与使用为传播提供了更经济、更便携的载体，让传播成本更低廉、传播速度更快捷；印刷术在时空传递性以及经济性方面进一步增进了文字传播，大量的文字典籍可以更为准确、更为规模化地保存与复制，读报活动取代了上教堂的交流，印刷媒介催生了近代社会，全球化的传播也依赖印刷术逐步得以实现；作为文字传播和电子媒介的中介形式，电报第一次将传播与交通分离开来，极大地改变了人们的时空观念；广播延伸了语言的传播效果，其亲近性与冲击力激发起听众的情感纽带，且因不受文化程度的限制打破了阶级界限、覆盖广大地区，具有即时性、同步性和广域性；与广播同样，电视媒介也深入家庭，进一步推动了信息、知识与文化艺术的通俗化与普及性。由此可见，传播技术的发展和媒介形态的变革是社会进化的关键部分，每一种新技术都给社会连接带来一个新的规模、速度、范围及传播模式的演进。

当互联网发展的"上半场"完成了随时随地与任何人的连接之后，互联网发展的"下半场"要解决的问题的关键就在于，人们要在随时随地进行任何的信息交流的基础上，进一步实现在任何场景下"做事"（将几乎所有在线下所做的事搬到线上来做，并且更有效率、更加精彩、更具想象力地实现）的突破——这就是已经成为人们普遍认知的互联网发展的下一站："即将到来的场景时代"[1]。

关于"场景（Context）"理论，最具贡献的学者是梅罗维茨和斯考伯等人。梅罗维茨突破了戈夫曼所理解的场景就是教堂、咖啡馆、诊室等物理隔离地点的空间概念，积极导入了"信息获取模式"——一种由媒介信息所营造的行为与心理的环境氛围。这不是一种空间性的

---

[1] 罗伯特·斯考伯，谢尔·伊斯雷.即将到来的场景时代[M].赵乾坤，周宝曜，译.北京：北京联合出版公司.2014.

指向，而是一种感觉区域。而斯考伯等人的考察则是场景理论的又一次发展。梅罗维茨区分了"作为文化环境"的媒介场景与"作为内容"的具体场景，但缺乏足够论述，也难以解释互联网时代空间与情境、现实与虚拟、公域与私域等诸多场景的重叠耦合。媒介革新的本质是技术的发展，斯考伯提出，互联网时代的"Context"应该是基于移动设备、社交媒体、大数据、传感器和定位系统提供的一种应用技术，以及由此营造的一种在场感。应该说，斯考伯对"场景"的定义，同时涵盖了基于空间的"硬要素"和基于行为与心理的"软要素"，这种具体的、可体验的复合场景，与移动时代媒体的传播本质契合，也更加强调了"人"作为媒介与社会的连接地位。在碎片化的移动互联网时代，用户更加需要的是：以人为中心、以场景为单位的更及时、更精准的连接体验。通俗来讲，互联网要开始满足每个用户在不同场景下的个性化的需求。那么随着"智能终端""社交软件""大数据分析""地图"（定位系统）"传感设备"这五个要素的不断普及，让这件事情成为可能。互联网公司通过在线下大规模部署"传感设备"，当用户携带"智能终端"进入该区域，随着"智能终端"和"传感设备"的相互感应，从而获取用户进入什么样的场景，用户在场景里面的行为都会被数据化，长时间的"大数据积累和分析"，就会知道不同用户的行为习惯。当越来越多的信息与服务依赖场景这一变量时，场景也就成为信息、关系与服务的核心逻辑，并成为上述要素连接的纽带，进而成为新入口。

显然，我们即将走出"唾手可得的信息时代"而进入到基于"场景"的服务时代。在这个永远在线的社会里，场景时代的大门已经开启，未来的每一个人、每个产业以至于每一种社会的存在形式都会受到场景时代的深刻影响与改变——以场景服务和场景分享为人的社会连接的基本范式，可以实现人的具身以"在场"的方式参与到"任意"的现实实践中。这是媒介作为"人的关系连接"在现实世界的最高形式。

三、"元宇宙"和"心世界"是媒介两个方向上对人类自由度的突破

随着"场景"的分享与开发，人类获得了在现实世界中随时随地展开自己丰富多彩的社会活动的极大自由度。那么，人类通过媒介的"延伸"，下一步的领域开拓与边界突破在哪里呢？于是，元宇宙来了。

1. 元宇宙：未来媒介发展"向外"（现实边界）的开疆拓土

元宇宙（Metaverse），是一个平行于现实世界并始终在线的虚拟世界。有人断言，2021年是元宇宙元年。的确，基于"元宇宙"巨大的发展潜力，众多互联网大厂已经开始布局并且规模化投入。应该说，元宇宙是各种技术成熟到一定程度质变的产物，伴随VR、AR、3D和脑机接口技术不断进步，元宇宙的市场空间广阔。沙盒游戏可能是目前最接近元宇宙的形态，这也成为元宇宙的第一战场。2020年沙盒游戏在全球游戏市场中占据最多的市场份额，在112个不同的子类别中，市场份额接近7%，使用时长同比增长75%。可以说，从产品形态上看，游戏是元宇宙的雏形。游戏作为人们基于现实的模拟、延伸、天马行空的想象而构建的虚拟世界，其产品形态与元宇宙相似：① 同步和拟真方面，游戏给予每个玩家一个虚拟身份，如用户名与游戏形象，并可凭借该虚拟身份形成社交关系，在游戏社区中结识新的伙伴；同时，游戏通过丰富的故事线、与玩家的频繁交互、拟真的画面、协调的音效等构成一个对认知要求高的环境，使玩家必须运用大量脑力资源来专注于游戏中发生的事，从而产生所谓"沉浸感"。

②开源和创造方面,玩家在游戏设定的框架与规则内拥有充分的自由度,既可单纯享受游戏画面与音效,也能够追求极致的装备与操作等。③经济系统方面,每个游戏都有自己的游戏货币,玩家可以在其中购物、售卖、转账,甚至提现。可见,元宇宙的几大基本需求融入在游戏中,使游戏成为最有可能构建元宇宙雏形的赛道。(见图4-1)

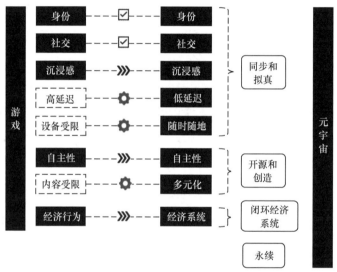

图4-1 元宇宙与游戏的特征对比

元宇宙作为一种未来媒介的形式,作为人类打破既有的社会性实践疆界,主要突破有两点:

第一,它突破了人类社会实践现实空间的"亘古不变"的限制,可以选择性地自由进入不受现实因素限制的虚拟空间,无论是一个人出生的年代、国家、家庭、职业、年龄、性别等都可以"重新"选择,并按照自己选定的角色展开自己一重甚至多重虚拟空间中的生命体验,并且实现自己人生中的价值创造。这是对于人类受困于现实世界限制的一种巨大解放,并且其生命的体验空间得到了近乎无限的拓展,而人的内在特质、个性与能力也可以在这种全然不同的世界里得以释放和价值实现。

第二,它将实现人类在虚拟世界中感官的全方位"连接"。目前的互联网技术只是实现了部分信息流的线上化,人类感官在虚拟世界的连接中听觉与视觉率先实现了突破,而嗅觉、味觉及触觉等感官效应,目前还只能在线下实现和满足。而元宇宙在未来发展中的一个关键维度上的突破就是将致力于实现对于人的嗅觉、味觉及触觉等感官效应的线上化实现。虽然实现这些突破还有很长的路要走,但是,当人的感官全方位地实现线上化时,元宇宙作为人类生活的全新空间的魅力将全方位地超越现实世界。

2. 心世界:未来媒介发展"向内"(人体自身)的深层次重组

有人断言,元宇宙将是互联网发展的终极形态。如果仅仅从人所面对的外部世界的角度看,这可能是对的——因为它通过无限丰富的虚拟世界的创造,几乎满足了人类社会实践中所有"对外"延伸的想象力需求。但问题是如何"对内"呢?人体及人的心智本身也是一个大宇宙,对它的选择性"重组""再造"会不会成为未来媒介发展的一个重要的方向呢?答案是肯定的。

这个问题首先要从一个宏大的哲学问题开始:人是什么?亚里士多德说:人是理性的动物。而现代认知科学的回答是:人是一种会建模的动物。近年脑科学的研究发现不断为这个观点提供坚实的证据。那么,模型又是什么呢?模型是大脑对真实世界的映射,是真实世界的缩影。这些缩影虽不是真实世界的再现,却包含真实世界的关键特征。譬如,小孩子玩的轿车就是一个真实世界模型,它虽然跟大人开着上路的汽车不同,但却包含着汽车的关键特征,比如有四个轮子,有门,有窗户,有前后灯。而人的大脑以神经元的方式保存着这些汽车的模型。而所谓人的认知则是从外界感知信息(比如五感),基于这些信息和信息的加工建立心智模型,并使用这些心智模型做出判断和决策。换句话说，人的认知就是构建和操作心智模型。人跟动物最大的区别是反事实思考——思考没有感知，没有发生的事，反事实思考就是构建模型。所以，人是具有想象能力的，会构建模型的动物——想象大于事实，心智模型大于真实世界。因此就有了"三个世界，三种模型"的理论。

基于这一理论，倡导模型教学的美国亚利桑那州立大学物理教育家David Hestenes 教授绘制了一份三个世界的关系图。（见图 4-2）

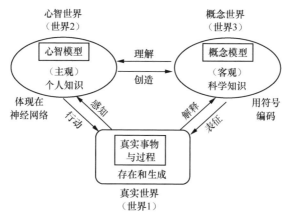

图 4-2　David Hestenes 教授绘制的三个世界的关系图

在上述模型中，真实世界就是我们现在所处的现实世界，概念世界透过技术的革命性发展将逐步构建起元宇宙，心智世界就是我们此处探讨的"心世界"。

在现实世界中积累知识、技术和想象力，在构造起元宇宙的同时，也会反作用于人的心智世界，促进它的构造的变化、乃至革命。人类心智的构成要素、结构方式以及运行机制迄今为止被牢牢地限制在既有的状态和逻辑上，几乎没有创新安装、改造的任何自由度更不用说是革命性的突破了。但是，随着人类脑科学、基因技术及相关能力的增强，会不会在到达一个文明发展的某个临界点时，具有了反向自我设计和改造的能力了呢？这种通过媒介技术的革命所获得的自由度对于人类来说意味着什么呢？这是媒介与人类的最终宿命吗？细思恐极，但逻辑上成立。

必须说，我们对于未来媒介和媒介终极本质的探讨，是为了帮助我们把握以媒介形态为依托的人类文明的未来趋势与发展逻辑，当我们拥有了对于未来媒介逻辑的深刻把握的情况下，我们对于人类文明发展中的选择、判别和操作上的顺势而为与逆势而动就有了一分关键性的自觉。就元宇宙逻辑下的媒介发展的未来趋势而言，小型化、集成化、无线化，云 VR 的形态可能成为未来媒介发展的主流。而 VR 要像手机一样成为高渗透率的消费电子产品的话，需要具备低成本、实用性、刚需性等特征。显然，未来随着高速低时延 5G、6G 网络的普及，云 VR/AR 方案满足以上特征，作为元宇宙的核心产业 VR 将具有广阔的发展前景，它的发展也会相应地带来网络芯片、各类型传感器以及低成本面板和驱动芯片的主要需求。

总之，借由不断迭代的互联网技术与形态的连通性，未来媒介将不再是（或主要不是）一系列固定的"实体"，新的媒介形态是由算法编织并赋予权重的一种"网络"，是一个复杂系统。算法在改写传播领域现实状况的同时，也在重新构建起一套全新的传播规则，同时让参与其中的每一个个体以这种方式重新审视、体验和消费乃至创造这种全新的传播。从微观层面上对于人的重建，从宏观层面上对于社会现实的重构，这两者的相互交织组成了算法构建的未来传播。人要在算法的世界中认识自己和数字世界的区别和联结，把握自己在现实环境中的主体价值，将人的价值与伦理赋予到算法和未来媒介的再造之中，实现人与技术的共生发展——这便是未来传播和虚拟媒介（元宇宙）的约略图景。

四、技术革命下传播生态系统的协同演化

每一次数字技术的迭代升级都被认为是一场划时代的跨越，带来传播领域的巨大变化。以移动通信技术为例，已经经历了从 1G 到 4G 共 4 个时期：2G 实现从 1G 的模拟时代走向数字时代，3G 实现从 2G 语音时代走向数据时代，4G 实现 IP 化，数据速率大幅提升。从简单的短信文本到图文并存，从视频直播到场景体验，媒介形态造就了社会传播的全新图景。5G（5th Generation）即第五代通信技术的革新带来了物联网、移动互联、人工智能、云计算、流媒体视频等技术的新发展，也为现实社会以及虚拟网络空间中的传播机制和传播效应带来了新的挑战。

不同于对某个传播要素进行"小修小补"的改良型技术，数字技术的应用将创造一个无限量的巨大信息网络，并将从前不能纳入其间的关系纳入进来———从人与人之间的通信走向人与物、物与物之间的通信，创造智能终端之间的超级链接。正如麦克卢汉在《理解媒介》中所表明的，新技术对社会变迁的影响从来都不是沿着其初生目的那一方面线性的延伸，而是对整个社会有机体的系统性大手术。本质上，每一项真正意义上的技术革命都是对信息网络所连接关系的总体性重构。

（一）新传播：新要素入场使得社会传播成为开放的复杂巨系统

必须看到，如习近平总书记在主持中央政治局第十二次集体学习时所强调的"全媒体不断发展，出现了全程媒体、全息媒体、全员媒体、全效媒体，信息无处不在、无所不及、无人不用"，媒介与传播技术持续为相对"无权"者"赋权"，数字技术改变了传媒业因机械复制技术形成的信

息垄断格局，瓦解了一对多的有序的大众传播秩序；"大众自我传播"极大地推动了更多不同连接方式的交流与传播的实现，更多的传播要素涌现："物"成为新的公共信息"传播者"，后真相、非理性因素成为主要的社会表达，平台与运行其上的算法成为信息传播的关键性中介等。新传播要素的入场使得社会传播成为一个"开放的复杂巨系统"，在多重复杂因素交织影响下"换道行驶"。

1. 信息生产泛众化

事实上，即使在网络社交媒介出现之后，"人人都是传播者"只是理论上的一种可能，因为这时传播的主要方式还是通过书写文字来进行的，书写文字本身是有一种精英逻辑在里面起着作用的，绝大部分人还是"沉默的大众"，他们只是一个个点赞者、转发者、阅读者、消费者，而不是内容创造者，不是发言的主体。视频手段的普及是"泛众化传播"时代正在到来的技术基础，4G时代的短视频和直播在人类历史上第一次把社会性传播的发言者门槛降得如此之低，而5G对于视频的加持将进一步丰富和扩大这种"泛众化传播"的社会影响的宽度与深度[1]。技术将释放网络用户更多传播者的主体性。同时，数字时代，无人机、各种环境中的摄像头、传感器等可以超越人的时空局限与感官局限进行信息采集，其中的一些具有公共价值的信息可能经智能系统自动加工后直接发送给用户。物成为另一种类型的公共信息的传播者。这就意味着，数字技术带来的"泛众"传播主体不仅仅是门槛再次降低的普罗大众，还有为人的自我感知、自我传播提供一种新媒介的"智能物"，信息生产者网络被大大扩容，建立起人—物、物—物、物—空间环境、物—服务等新的传播关系，传播行为将弥散

---

[1] 喻国明, 曲慧 (2019). 边界、要素与结构：论数字时代新闻传播学科的系统重构 [J]. 新闻与传播研究, (8):62-70+127.

在各种日常活动中[1]。

2. 内容价值多维化

信息生产者的扩容必然导致内容生态系统的扩容。社会化内容平台大大解放了内容生产力，不但内容供给的数量海量扩张，而且内容的表达主体、传播形式、借助的介质与渠道以及产出的效果都极为丰富——全程媒体、全息媒体、全员媒体、全效媒体即是这种状况的集中表达。随着短视频成为视觉传播的主流形态，内容生产者适应当前移动化、碎片化和社交化的传播场景，以主题人物、热点事件和温情故事等为主要体裁，通过碎片化的视觉表达和情感化的传播模式的内容生产传播模式转变形成了一种混合情感传播模式[2]。网络社会的民间化以及短视频的平权化，助推着非理性非逻辑性信息涌现，视频表达以及 VR 和 AR 技术的宽频谱和沉浸感凸显着内容的情感张力；内容本身在万物互联、永久在线时代发挥出超强的连接力，在"人—人"与"人—物"的连接中建构着丰富多元的可实现价值变现的场景。可以说，新一代内容生态中，内容的价值维度更加多元：从作为信息传达的内容到作为情感表达的内容再到作为媒介功能的内容，内容在深度价值之外，还有宽度价值和中介价值。在诉诸情感及个人信念较客观事实更能影响民意的后真相时代，只要能引发情感共鸣与趣缘人群聚拢，这些具有横向连接价值的内容更有可能实现精准高效传播。面对现在出现的新的表达方式和越来越多的非逻辑、非理性成分，如何进行表达方式的配置，如何把握其机制和规律，目前这方面几乎可以说是一种空白，缺少把控力。

3. 信息分发算法化

传播技术对媒介生产和消费端的赋能使极具多样性和复杂性的信息生

---

[1] 彭兰 (2019).数字时代"物"对传播的再塑造［J］.探索与争鸣，(9):54-57.
[2] 张志安，龙雅丽 (2020).平台媒体驱动下的视觉生产与技术调适——2019 年中国新闻业年度观察报告［J］.新闻界，(1):11-18.

态出现了供需危机，信息传播的精准化成为移动互联网时代的传播重点，而算法型信息分发实践中，算法机制要解决的问题正是把合适的内容传播给合适的受众[1]。传统新闻信息生产传播流程是一种"新闻机构—新闻受众"的连接方式，但随着互联网平台通过版权协议完成对传统新闻机构的收编，以及社会化信息生产力量的加入，依托机器算法且拥有用户黏度的平台成为平台媒体，承担起连接信息生产者和用户之间中介的角色，至此，传统新闻机构和用户不再直接联系，信息的生产和传播变成了"生产者—平台媒体—用户"甚至是"平台媒体—用户"这一全新的模式。于是，从传播权力结构来看，伴随着"生产者—平台媒体—用户"模式的确立，信息选择的权力从传统新闻机构过渡到了平台媒体，原本处在信息生产传播核心位置的传统新闻机构被推向了信息生产和传播链条的边缘，沦为了专业的新闻生产工具，而平台媒体成了新的行业操纵者和传播规则制定者，实现了向传播权力中心的跃进[2]。

4. 媒介消费个体化

显然，受众的个体化趋势是技术逻辑主导下传播媒介研究不可忽视的变革。以互联网为代表的数字媒介的本质就是激活了个人为基本单位的社会传播构造，"大众自我传播"（Mass Self-communication）极大地推动了更多植根于本地的、更加个人化的交流与传播的实现，消费者是个人与技术复合的"超级个体"，消费模式从集体时空消费转变为"利基时空"消费。随着技术的不断发展，受众具备空前自主性和传播权的"超级个体"身份会更加复杂，当 VR/AR、物联网、人工智能技术全部走入日常生活之后，个人不仅仅是信息传播网络上的重要节点，同时也是更广阔网络中的能动

---

[1] 吴卫华 (2017). 算法推荐在公共传播中的理性问题［J］. 当代传播 ,(3):79-81.
[2] 白红义 (2018). 重构传播的权力：平台新闻业的崛起、挑战与省思［J］. 南京社会科学 ,(2):95-104.

者。牛津大学互联网研究中心提出,"下一代互联网用户"最重要的特征就是对媒介资源的"自我配置",即新媒体消费的边界取决于个人对媒介系统的"自我配置"。数字时代,技术对社会中相对无权的个体和群体的赋权将会超越以往任何一个时代,曾经面目模糊的原子个体,会以另一种方式连接和聚合,改变社会机构与权力格局。

5. 传播权力再组织

数字技术以"赋权"的形式,打破传统各传播要素的原有结构与原有秩序,改变传播权力格局。数字时代将联结拓展至人与物、物与物,更多的微资源、微价值、微内容在万物互联条件下得以被发现、挖掘、聚合、匹配,个体之间可以产生自由的连接和多样的互动,而这些连接与互动会再次形成更大的社会价值,社会加速进入以个体为基本运作主体的"微粒化社会"。微粒化社会中,在行政、资本、暴力等传统权力来源之外,节点间的连接以及大量连接所产生的关系资源成为一种新的赋能赋权的力量源泉。这种全新的社会赋能与赋权的力量源泉通过关系资源的激活、连接、聚集和整合等软性的力量来推动其连接和再连接的结构性效应的"涌现"。面对数字技术带来的传播权力转移,从个体到平台媒体和传统媒体再到国家,社会传播系统的各层级主体都应理解新权力机制下的机遇与风险以及权力的收敛与平衡之道。

(二)新视角:生态学范式与复杂系统范式为传播学研究提供新进路

信息革命兴起后,社会传播形态由以往的大众媒体时代的传播流模式逐渐向网络化传播模式转变,本来似乎秩序井然中心边缘分明以线性因果逻辑运转的社会,变成了无边无际的波浪式的涌动:没有中心,或者是互为中心,此起彼伏,前呼后拥,同声共享。随着数字时代的到来,更大量级的多源异构信息以及信息总体连接增加，信息传播呈现出更强的复杂性，是复杂场域和复杂网络。因此，为更全面深刻地把握社会传播系统，我们可以从生态学范式和复杂系统范式中挖掘可借鉴的理论资源。

1. 生态学方法论：生态位理论

生态学（Ecology）是研究有机体及其周围环境相互关系的科学。以"个体—种群—生态系统"这样不同维度上的运动变化作为研究对象，生态学探讨的是其结构和功能以及它自身与环境的关系，它的方法论具有层次性、整体性、渐进性、动态性等特性，这些特点使得生态学可以成为处理复杂问题的纽带，变成了具有普遍意义的方法论。

生态位（Niche）是一个既抽象又内涵丰富的生态学名词。美国学者 R. H. Johson 在 1910 年最早使用了生态位一词，但他只是使用，没有定义生态位的概念；生态位最早的定义由美国生态学家 J. Grinnell 给出，他把生态位看成生物在群落中所处的位置和所发挥的功能和作用，他认为生态位的实质是一个行为单位。其后，有学者从功能视角定义了生态位，还有学者把生态位区分为功能生态位和地点生态位。哈钦森则用数学的点集语言、用抽象空间来描绘生态位，从立体的角度出发，综合考虑空间、资源利用等多方面，认为生态位是一个生物单位（个体、种群或物种）生存条件的总集合体，即所谓的多维超体积生态位（N-dimensional Hypervolume Niche），其推出的多维超体积生态位、基础生态位、现实生态位概念为其他领域的应用研究提出了分析思路。在此之后，还有不少学者给出了不同的生态位定义和划分：有的生态学家把生物的生境比作生物的"住址"，而把生物的生态位比作生物的"职业"；而有的生态学家认为一个生物单位的生态位（包括个体、种群或物种生态位）就是该生物单位适应性的综合；因此有学者总结生物环境与生物生态位之间的差异在于生物生态位的概念中包括生态开拓和利用其环境的能力，也包括生物与环境相互作用的各种方式[1]。从上述回顾来看,生态位概念自提出以来,其内涵得到不断地发展和深化,但基本包含三个关键词:位置、功能和相对性,所以概括地说,生态位是指一个种群在自然生态系统中,在时间空间位置上所占据的位置及其与相关种群之间的功能关系和作用。

生态位基本理论包括生态位态势理论、生态位压缩与释放理论、生态位移动理论、生态位分离理论、生态位动态理论以及生态位构建理论等。其中,物种的生态位构建与其进化机制的研究成为生态位理论的新进展。所谓生态位构建是指有机体通过新陈代谢、活动和选择,部分地创建和部分地毁灭自身生态位、改变环境,进而改变其环境中生物与非生物的自然选择源的一种能力。

总的来说,生态位理论反映了生态系统的客观存在,它是生态系统结构中的一种秩序和安排,是客观环境之间的交汇,反映了环境所提供的资源谱和生物对环境的生态适宜度。从理论的应用实践来看,生态位研究已成为生态学最重要的基础理论研究之一,并已经渗透到了很多研究领域,被广泛应用于政治、经济、营销管理等领域。

总的来看,生态范式对媒介研究具有宏观性,在考察媒介与社会之间关系的研究上提供了一种全局观。在国内传播学研究中,已经有学者们将生态位、绿色、种群、食物链、生物钟等生态学术语移植到媒介研究领域,探究"媒介之间的竞争和制衡所形成的结构体系"以及"媒介群落在社会大系统中的运动状态"[2]。

2. 复杂性系统科学的崛起:从自组织到复杂适应系统

随着科学的发展和技术的进步,系统科学从20世纪30年代开始兴

---

[1] 尚玉昌 (2002). 普通生态学 [M]. 北京:北京大学出版社.
[2] 李昕揆 (2016). 中国媒介生态学的两种范式及未来趋向 [J]. 中国文化研究,(3):10-18.

起，人们逐渐认识到系统大于其组成部分之和，系统具有层次结构和功能结构，系统处于不断的发展变化之中，系统经常与其环境有物质、能量和信息的交换，系统在远离平衡的状态下也可以稳定（自组织），确定性的系统有其内在的随机性（混沌），而随机性的系统却又有其内在的确定性（突现）。这些新发现不断冲击经典科学的传统观念，这种趋势使很多研究者感到困惑，也促使一些有远见的科学家开始思考并探索新的道路。兴起于 20 世纪 80 年代的复杂性研究或复杂性科学，是系统科学发展的新阶段，也是当代科学发展的前沿之一。在复杂系统及复杂性的大量研究工作的基础上，复杂性科学的研究获得了很大的进展：现代科学从老三论（系统论、信息论、控制论）过渡到新三论（耗散结构论——主要研究非平衡相变与自组织、突变论——主要研究连续过程引起的不连续结果、协同论——主要研究系统演化与自组织），另外还有相变论（主要研究平衡结构的形成与演化）、混沌论（主要研究确定性系统的内在随机性）、超循环论（主要研究在生命系统演化行为基础上的自组织理论）等新科学理论也相继诞生。但目前来看，复杂性科学研究尚未形成一个统一的理论体系，没有提出一个明确的研究框架。

在复杂性产生机理的研究方面，圣菲研究所（SFI）的霍兰教授在复杂系统的研究中，发现了一大类系统都是由一系列具有适应的个体组成的，他把这类系统称为复杂适应系统（Complex Adaptive System，CAS），并给出了复杂适应系统的统一描述框架及研究方法[1]。

复杂适应系统理论认为，适应性主体（Adoptive Agent）是具有明确行为目标、独特的内部模型和自主行为能力的复杂适应系统子集，该主体在已有的知识和信息基础上能动地在外部环境刺激与行为效果之间设定对应

---

[1] 陈禹 (2001). 复杂适应系统（CAS）理论及其应用——由来、内容与启示 [J]. 系统辩证学学报,(4):35-39.

关系，然后根据这些对应关系所形成的"策略空间"和行动集合，灵活选择适应外部系统环境的方式，并根据适应性行为的反馈结果，不断地学习和积累经验，并根据这些学习收获及时修正自身的组织结构和行为规则，以保持自身的环境适应性。"适应"一词是霍兰对系统中适应性主体与系统外部环境反复作用关系的概括，是复杂适应系统理论最基本的概念，同时也是复杂适应系统产生新的系统结构、新的系统层次和更复杂的系统行为的根本动力；而"适应性主体"则是复杂适应系统理论研究的核心内容，在复杂适应系统的自适应发展过程中，适应性主体是与系统环境协同发展、共同演化的，系统内在要素的相互作用是复杂适应系统高阶演化的本源，系统多样化的产生和复杂化的演进都是基于适应性主体根据已有经验和学习不断变换规则，适应系统整体运行要求而派生出来的，适应性主体的动态适应性决定了复杂适应系统的复杂动态性。

就复杂适应系统理论的研究范式而言，复杂适应系统理论的研究视角将宏观分析与微观分析相结合，将还原论与整体论相统合，对阐述复杂适应系统能动适应外部环境的自组织机制提供了独特的研究视角和研究方法。就理论特点来说，不同于传统系统理论强调系统自上而下集中控制路径，复杂适应系统理论特别重视适应性主体与系统环境的交互学习过程对系统演化发展的积极影响，并强调适应主体与系统环境之间、适应性主体的微观运行方式与宏观系统运行方式之间的协调统一，这对于揭示复杂适应系统的生产和演化规律，探索各类复杂适应系统的结构、功能和运行方式具有重要的启示和借鉴作用。

（三）新关切：新技术逻辑下传播生态系统演进的关键问题

新一代媒介与传播技术带来的传播现实是，在个体为基本运作单位的微粒化社会中，多元主体、多种力量在传播场域内涌现，它们不是孤立的、一成不变的、被施加于力的,而是彼此联结、交互、自适应学习着,并以此推动着整个传播领域的根本性再造。同时,需要看到的是,传播生态系统变迁过程具有多样性和差异性,既包含微观个体之间的种群变化,也包括中观子系统的可持续协同,亟需厘清不同层级对象之间的复杂多样关系。因此,数字时代传播领域变革研究需要更加全面、系统、动态的视角,在一体化研究视角下剖释传播系统内生态关系,对传播生态系统演化的动力学机制展开细节性、深入性研究。

如上文所强调的,复杂适应系统(CAS)是现代系统科学的一个新的研究方向,作为第三代系统观,突破了把系统元素看成"死"的、被动的对象的观念,引进具有适应能力的主体概念,从主体和环境的互动作用去认识和描述复杂系统行为,开辟了系统研究的新视野。以此为鉴,我们可以把社会传播系统视为一个具有主观能动性的复杂适应系统整体,初步构建复杂适应系统视角下的传播生态系统认知框架和概念模型,建立起复杂性科学范式下传播研究分析的学术框架,研究传播生态系统的复杂性与适应性,加深对传播生态系统演化规律的认识,以期对社会传播转型升级的理论研究和实践探索有所裨益。而要理解新技术环境下的传播生态系统协同演化机制,关键是回答好以下三个方面的问题。

1. 数字时代传播生态系统的建构研究

生态系统由生态要素以及生态关系构成,对于产业生态系统的研究,已有学者从"生态元"—"生态链"—"生态群落"的角度进行了较为深入的剖析,以此来揭示产业生态系统的生态关系。在同一时空范围内,不同生态元拥有的生存要素、所处环境以及与其他生态元之间的关系各不相同,因此不同生态元占据不同的生态位。生态位差异取决于生态元功能不同,生态位差异也决定了生态元作用各异;生态元之间的合作共生关系决定了生态位之间的互补性;功能分工不同的生态元耦合协同,实现了产业生态的系统功能。因此，传播生态系统研究可以首先以系统论思想为基础，类比自然生态系统，构建传播要素生态系统，探讨传播生态系统的复杂适应性特征及复杂性根源，然后再通过分析各类要素的属性特征、生态位作用以及要素间生态结构的相互作用，建立起复杂适应系统视角下传播生态系统演化研究的分析框架和语境，为后续生态系统多主体交互演化分析奠定理论基础。需要强调的是，在演化过程中，复杂适应系统需要不断调整自身行为以更好地适应外部环境的变化，这必然导致传播生态系统的复杂性增加。构建传播生态系统演化的概念模型的关键在于思考如何界定传播生态系统特征、结构与功能，以利于应用复杂性科学研究成果深度探索传播生态复杂适应系统演化的本质规律。（见图4-3）

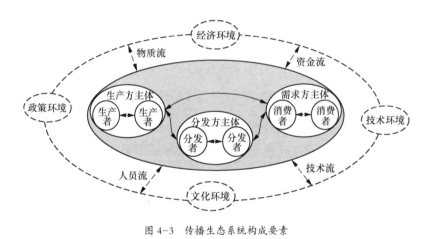

图4-3 传播生态系统构成要素

2. 传播生态系统多主体交互演化研究

系统演化是在内外因素的影响下，主体与环境不断进行交互，物质流、信息流、能量流在系统中蔓延、传播，使得原有系统稳态的瓦解、分岔或变迁，并最终导致系统的彻底崩溃或新的系统稳态诞生。主体（Agent）是具有自主性、反应性、能动性和社会性的实体；多主体系统研究的优点是通过构建大量具有自学习、自适应、自进化功能的主体，替代复杂适应系统的组成单元，交互作用而自发形成涌现现象，透视复杂适应系统的本质属性。因此，交互演化作用作为系统中存在的重要现象，是促成系统演化的动力。未来研究需应用多主体系统方法，重点研究传播生态系统内部多主体的交互行为促成系统演化过程，即各主体面临怎样的行为决策选择？有哪些因素可能会对行为演化产生影响？系统的行为规则又是如何产生的？也就是研究不同主体的交互演化准则，剖释多主体之间的合作、竞争、学习、环境适应等属性，研判传播生态系统多主体的交互演化路径，并在对传播生态系统多主体构成、交互影响和演化发展模型进行研究的基础上，利用多主体仿真建模方法对传播生态系统的生产、分发和需求主体行为以及交互影响进行综合分析。（见图4-4）

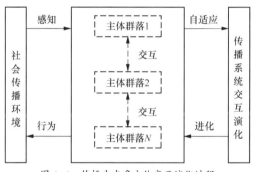

图 4-4 传播生态多主体交互演化过程

3. 传播生态协同演化保障机制研究

协同理论是在 1976 年由德国科学家哈肯结合统计学和动力学理论提出的一门研究复杂系统的科学理论。主要研究的是复杂系统内各子系统之间的协同效应，以及有序结构的演化原理及规律。序参量是协同理论中评价协同效果的重要指标，协同理论中的序参量是指在复合系统演化过程中，能够从宏观上反映系统有序状态的变量，即反映子系统参与协同演化的程度和对复合系统的影响程度。传播生态系统的多主体间存在多层级反馈或循环活动，并产生了协同效应，从而促使系统在整体上呈现出协同发展状态。那么，从哪些维度和指标来反映与评价传播生态系统的协同发展水平？与协同效应相关的影响因素有哪些？围绕着这些关键因素，又该如何设计传播生态协同发展促进机制？这些研究问题对指导传播生态多主体竞合实践具有重要意义。对传播生态系统模型的建构、对传播生态系统多主体交互演化路径的分析，将最终落脚于在多主体交互作用中识别影响各子系统协同效应的序变量，以优化多主体交互行为为抓手，从外部支持完善和主体行为调适两个层面研究传播生态系统协同有序发展的促进机制。

总言之，传播领域各基础性要素一系列革命性的甚至是颠覆性的改变推动数字化传播进入另一个更为先进的传播第四范式时代。未来传播学研究的关键在于理清数字时代社会传播要素与传播系统研究的新边界、新对象和新范式，构建容纳新主体要素以及新方法工具的新问题架构和新方法体系，从而实现理论体系的创新与发展。

第五章
"元宇宙"标定媒介化社会的未来生态图景

【章节导读】

　　元宇宙是集成与融合现在与未来全部数字技术于一体的终极数字媒介。它将实现现实世界和虚拟世界的连接革命,进而成为超越于现实世界的、更高维度的新型世界,本质上,它描绘和构造着未来社会的愿景形态。媒介是人体的延伸,不同于分割感官以致传播权力外化的模拟媒介技术,数字媒介以再造"数据躯体"具身的新型主体的方式实现了传播权力向个人的回归,个体的赋能赋权是数字时代媒介技术进化的根本逻辑。以此为原点研判未来传播的发展与格局,可以发现,在互联网技术完成了对于传统社会深刻解构(即"去组织化")的同时所孕育出来的下一代数字媒介,其使命在于重新架构社会形态的"再组织化",以建立一个全新的数字化社会。其中,区块链技术是实现去中心化的分布式社会中人与人信任、协同的技术基础;而以 VR/AR/MR 为代表的交互技术持续迭代升级,为元宇宙的世界提供从物理世界到生(心)理世界,从现实空间到虚拟空间的全面无缝连接;而游戏范式则是元宇宙的运作方式和交互机制;网络及计算技术的不断升级则夯实了元宇宙网络层面的连接力并提高网络传输效率。可见,元宇宙是对于各项互联网相关技术的全面融合、连接与重组,由此构造出元宇宙作为未来互联网终极发展的目标愿景。就推动互联网相关要素全面融合的关键抓手而言,去中心化地扩展现实是推进元宇宙构建的重要着手处。

尽管元宇宙概念的社会性膨胀中的确有巨大的泡沫，但它的深远价值是在一个更高的维度上确立了未来互联网发展的方向，换言之，元宇宙从互联网发展的终极形态的技术如何的意义上，定义着今天的技术迭代和产业发展的方向。所以，我们必须面向未来，深入认知和理解元宇宙，探究元宇宙构造的未来媒介化社会的生态图景，把握未来传播发展的换轨升级的机会。为更好地解析元宇宙这一终极数字媒介的基本样态，本章将以剖释媒介技术迭代的内在逻辑为起点，在洞悉终极数字媒介未曾改变的内核的基础之上，进一步剖析元宇宙以何种架构融通互联网发展各要素，最后落脚于探讨以何为抓手整合全要素，即思考实现元宇宙的关键着手处，从内在核心逻辑、基本要素架构、关键操作路径三个面向渐进地阐释元宇宙，以期较全面地认知元宇宙所形塑的未来传播图景。

一、锚定内核：传播权力的回归是数字时代媒介进化的根本逻辑

知旧方能见新。要想把握未来媒介的发展趋向，首先需要的是理清媒介进化的内在规律。换言之，只有洞见媒介不变的内核，明了媒介技术以何为中心发展演变，才能真正确定位终极媒介的本质。那么，究竟什么是媒介的核心？数字媒介技术发展中未曾改变的内核在何处？其实，跳出传统的狭义的媒介观，如麦克卢汉的媒介延伸论所揭示的，媒介是人体的延伸，是人与外在世界的连接，可以说，媒介技术的起点和终点总是人类，人类自身就是最原初和最核心的媒介；而以此为视角复盘媒介技术演进，可以发现，不同于分割身体感官、传播权力外化的各项前序媒介技术，数字媒介技术通过再造"数字躯体"具身的新型主体，质变性地增强了人的主体性，实现了传播权力向个体的回归，主体性的持

续增强或者说个体传播权力的不断强化是各种数字媒介技术发展演变中不变的主线。

（一）重新认知媒介：媒介是人体的延伸

必须看到，传统的传播学主流对媒介的释义已稍显过时与狭隘。在实证主义传播学以及法兰克福学派那里，只有被专业地用于信息传递的那些传播介质形态才称作媒介，媒介是一种传递信息或价值观的中性工具[1]，是一种显现的实存。而显然，这种实存的媒介观正在遭遇解释力危机——毕竟在现代信息传播技术带来的信息洪流中，媒介与非媒介已没有排他性限制。因此，在数字革命推动下，媒介已经普遍存在，我们需要一个更具包容性的媒介释义来匹配这一现实。

实际上，马歇尔·麦克卢汉的媒介延伸论已经为我们重新理解媒介提供了有洞见的思路。正如麦克卢汉在提出"媒介是人的延伸"时强调的"延伸人体的都是媒介"，口语、文字、衣物、住宅、货币、时钟在内的所有人造物（Artifact），均在延伸人通过天赋的身体功能感觉和经验外部世界的能力的意义上，构成"媒介"的能指。简言之，我们可以把媒介广泛地理解为勾连人与世界之间关系的桥梁，它是人感知和经验外部世界的"中介"，即"连接者"。必须指出的是，不单是在麦克卢汉意义上的增强肉体和神经系统力量与速度的各种人造物，"人"本身在制造器物之前即是"媒介"——自人类诞生之日起，人就以身体感官感知世界，借助肢体（如表情、手势）开展社会交往。

可以看出，媒介的意义不在于其外在的质料和形式，而在于其居间性即关系连接性。它不是或主要不是指器物本身（如报纸、广播、电视等器

---

[1] 钱佳湧."行动的场域"："媒介"意义的非现代阐释[J].新闻与传播研究，2018（3）.

物不过是连接关系的承载者,而不是这种连接关系本身),而是由其关联起来的全部关系和意义的总和。所以,不能脱离关系性谈媒介,或者说,对媒介的理解不能脱离人的存在——人通过使用媒介而使媒介成为"媒介",即媒介之所以为"媒介",正是人赋予的结果。换言之,媒介不是由媒介机构和媒介实体来定义的,而是由媒介使用者基于交互、基于关系来界定的。

总的来说,更具包容性的媒介认知范式在揭示了媒介技术泛在(人与社会连接的各种手段)的同时,也凸显了人类在其间的中心地位——人自身(身体—心灵)便是人接入世界的媒介的发端,其后的任何技艺,无论是语言、文字、影像还是网络,都是人的延伸,都由人来界定。在这个意义上,人即是最原初、最核心的媒介。

(二)再论媒介演进:从分割感官以致传播外化的模拟技术到再造主体以充分赋权的数字技术

延伸性的媒介观其实为我们归理人类社会中不断更新的媒介技术指引了一个基本方向:立足人的主体性,思考各种媒介技术之于人的意义。由是观之,任何一种媒介技术都是对人的社会关系与关联的一种形式构造,任何媒介技术的升级换代都是为人类社会的连接提供新的方式、新的尺度和新的标准,其实也就是人类社会的社会关系的再造及基于这种社会关系再造的资源再分配。

历史地看,在前技术时期,人类除了身体外没有任何传播技术可以借用,需要亲身参与在场的交流,凭借语言进行跨空间的交流、凭借记忆进行跨时间的交流。此后,直至数字技术出现之前,各种技术一直在模仿人体的感知模式,即对人类身体感觉器官实施分割,将每一个感官从身体的整体性中剥离再加以延伸。如霍尔所强调的,"书籍使人的声音跨越时空。货币是延伸和储备劳动的方式。运输系统现在做的是过去用腿脚和腰背完成的事情。实际上，一切人造的东西都可以当作是过去用身体或身体的一部分所行使的功能的延伸。"[1] 不断"外化"的"器官"虽然不断扩展社会交往宽度与强度，但这些模拟技术是如此外延以至于媒介与主体的连接在化约中被削弱，传播的权力、交往的选择被一定程度"寄存"或者说"委托"于外，其中的典型代表就是"代理"大众群体社会交往需求的专业性、精英化的大众传播机构，于是很长时间以来，社会传播的权力都由外在于个人的专业媒介把控，以一对多的大众传播模式勾连着社会关系。

不同于前序媒介技术的"模拟身体"，数字技术更多的是"再造身体"，即数字技术正在为每个人"计算"出由数据/信息构成的可被高度解析的"数据躯体"，由此带来的是对主体的重塑与增强——人作为主体的感知、行动都可以被算法捕捉并制造成数据加以利用，借由"数据躯体"，人成为能够超越人类身体的局限、在赛博空间内外拓展人类的能力的新型主体[2]。更具体地说，无论是计算机、智能手机、可穿戴设备等数字终端技术，还是互联网、物联网、移动互联网等数字网络技术，还是虚拟现实、增强现实等数字仿真技术，数字媒介技术始终围绕着增强人的自主性、能动性和创造性展开，不断将传播或者说社会互动的权力交还于每个个人。"无名者"不仅得以在社会传播大图景中"被看见"，还能够依据"留痕"更精确地"被解析"，"极大地推动了更多植根于本地的、更加个人化的交流与传播的实现，它使得我们可以随时随地与其他传播者展开包括图像、文本及声音在内的交流沟通，也使更多的物理距离或社会意义上的远程操

---

[1] E.T. 霍尔. 无声的语言. 转引自埃里克·麦克卢汉, 弗兰克·秦格龙. 麦克卢汉精华 [M]. 何道宽, 译. 南京: 南京大学出版社, 2000: 118、119.
[2] 孙玮. 赛博人: 后人类时代的媒介融合 [J]. 新闻记者, 2018（6）.

作变得可能",即对每个个人而言,交流的潜能被激发和调用,传播的诉求被洞察和满足。

也正是在这个意义上,未来学家尼葛洛庞帝曾预言,数字化生存天然具有"赋权"的本质,在数字化的未来,人们将找到新的希望与尊严[1];事实也正是如此,以算法为统领的新一代数字信息技术对社会中相对无权的个体和群体的赋权超越了以往任何一个时代,它正在更深刻地开发每个个体的主体性,带来一场传播权力革命性回归。

二、解析架构:以有机整合互联网全要素来实现数字化社会的"再组织化"

对媒介以人为发端、数字媒介进化以增强人的主体性为内核的剖释,为我们进一步解析未来传播的发展与格局提供了逻辑起点——既然不断赋权于个体是数字媒介进化不变的内在规律,那么当前的互联网技术已完成了什么?还需完成什么?这一目标的基本要素结构又如何?必须看到,在过往几十年间,以互联网为代表的数字信息技术已深刻重构了社会形态,也就是通过激活个体来解构已有的社会格局;其在"去组织化"的同时所孕育出来的下一代数字媒介的使命在于重新架构社会形态的"再组织化",以建立一个全新的数字化社会。而要实现这场现实与虚拟的大连接革命,必须充分整合区块链技术、以 VR/AR/MR 为代表的交互技术、游戏技术、人工智能技术、网络及运算技术和物联网技术,也就是说,元宇宙是对各项互联网相关技术的全面融合和有机组合,由此构造出元宇宙作为未来互联网终极发展的目标模式。

---

[1] 尼葛洛庞帝.数字化生存[M].胡泳,范海燕,译.海口:海南出版社,1997: 269.

(一)总体蓝图:下一代数字媒介的使命在于重新架构社会形态的"再组织化"

如上文已分析的,不同于其他各项传播权力离身的媒介技术,数字信息技术直接赋权于主体,还社会传播选择权于每个个体,带来传播权力的质变性转移。从这个角度看,区别于其他各项媒介技术,数字信息技术带来的必定是更深刻的社会交往形态的变迁。

更进一步地说,新一轮科技革命所催生的"新"媒介的区别性特征在于它是一种更具统领作用的媒介。在大数据、云计算、人工智能等多种数字化信息技术浪潮下,万物互联逐渐成为现实,这个连接人与人、人与物、物与物的数字化智能网络将媒介分布并整合到多个对象和场景中;简单地说,数字媒介——数字网络及运行其上的智能算法——连接起并改造着"旧"的媒介。因此,相比于传统的散落的媒介,作为一种更高意义上的媒介,数字媒介以重新连接一切的方式,成为社会结构化中更基础性的建构力量。正是洞察到数字媒介的这一更基础性力量,安德烈亚斯·赫普主张发展一个新的名词——"深度媒介化"以便反映目前所面对的最新的媒介化现象。简而言之,以互联网与智能算法为代表的数字媒介作为一种新的结构社会的力量,其作用于社会的方式与以往任何一种"旧"媒介不同,它下沉为整个社会的"操作系统",引发的社会形态变迁更具颠覆性,推动社会进入深度媒介化时代。

那么,数字媒介已经完成了怎样的社会再造?或者说,社会形态变迁的已然状态是怎样的?值得肯定的是,连接起人与人、人与物、物与物的数字媒介不仅激发了个体的能动性与创造性,更前所未有地激活了原本散落在各处的各类传统社会无法有效利用的微资源,它们得以被发现、挖掘、聚合、匹配;借助互联互动,个体能够在组织框架之外找到替代性的资源与渠道,个体获得了更多的自由度,个体之间可以产生自由的连接和多样的互动；在这个意义上，数字媒介推动社会进入以个体为基本运作主体的"微粒化社会"。同时，随着传统的社会组织单位失去了中心地位与控制力，原有的自上而下的由少数资源控制者集中主导的社会系统，逐渐变为离散的由个体力量主导的复杂交互网络；曼纽尔·卡斯特将信息时代的社会结构形态概括为"网络社会"（Network Society），也就是说，不同于农业社会的差序格局与工业社会的团体格局，新信息技术范式带来的是一个扁平化的分布式社会，表现为去中心化的网络格局。简而言之，以互联网为代表的数字媒介将社会的基本互动单位由组织降解为个体，以去组织化的方式重塑社会交往，社会形态呈现为微粒化、网络化。

必须指出的是，互联网对旧有社会系统的渗透与解构已基本实现。根据中国互联网络信息中心（CNNIC）发布第49次《中国互联网络发展状况统计报告》，截至2021年12月，我国网民规模达10.32亿，互联网普及率达73.0%。可见，数字网络已基本完成对社会个体的基础性接入。而随着"永久在线，永久连接"逐步成为现实，很明显，媒介技术未来发展的重点已不再是粗放式拓宽连接范围、延长在线时长，其新的增量在于对微粒化分布式社会进行重新组织。

还需要看到的是，在互联网"去组织化"的进程中，其实已经孕育了多种服务于社会形态"再组织化"的手段，如能够构建虚拟交互场景的虚拟现实技术、能够快速实现供给与需求对接的智能算法推荐等。但这些新手段对社会关系的重新连接是相对离散的、各自发展的；而如今，对传统社会的解构已基本完成，社会关系的"再组织化"成为媒介发展需要解决的主要矛盾，下一代数字媒介的根本任务在于重新架构社会形态，即需要将当前基础性的粗放式的社会连接加深、加厚、加高。所以，当在线成为常态，紧要的是将各种线下社会关系进一步地向线上社会迁移，也就是再组织线上社会生活；在这个意义上，下一代媒介变革是充分勾连现实世界与数字世界的更加深刻、更高层次的社会连接革命。

概言之，每一次传播技术的创新都会带来社会连接方式的改变与拓展，互联网技术已经以前所未有的力度，深刻解构了传统社会，在完成了随时随地与任何人的连接、架构了微粒化的分布式社会形态之后，未来数字媒介的使命在于再一次升级社会连接，也就是再建一个全新的数字化社会。

（二）基本格局：元宇宙即互联网全要素的终极整合模式

如此，具体来分析的话，未来媒介格局的基本构造将会是怎样的？

显然，要再造一个全新的数字化社会，是一个生态级的系统性工程，至少需要从环境建构到系统支持再到功能填充多个层次。环境层是底层性的基础性的交互环境建构，关键是以数字孪生的方式生成现实世界的镜像，搭建细节极致丰富的拟真场景。系统层是中观的支持性的社会基本契约系统的建构。罗布乐思（Roblox）公司 CEO 认为元宇宙至少包括身份、朋友、沉浸感、低延迟、多元化、随地、经济系统和文明等要素，这其中，身份、朋友、经济系统和文明其实都属于系统层的建设。经济系统的构建尤为关键，因为它关系到新型数字世界中的价值归属、流通和变现问题。行动层囊括社会生产生活的各种场景，提供人们数字化生活所需的各项服务，类似于当前传播生态中的平台层和应用层，创造了社会连接与互动的功能可供性和价值可能性。

可见，这不是某一项或者某几项技术简单相加就能完成的。我们可以从剖析元宇宙的支撑技术构成及各技术要素角色中进一步把握未来传播的基本格局。支撑"元宇宙"的六大技术支柱 BIGANT 包括区块链技术（Blockchain）、交互技术（Interactivity）、电子游戏技术（Game）、人工智能技术（AI）、智能网络技术（Network）、物联网技术（Internet of

Things）。展开来看，主要包括以下内容。

作为综合加密算法、共识机制、分布式数据存储、点对点传输等成熟 IT 技术的集成创新技术，区块链可被理解为一个不可篡改的分布式账本，它能通过支撑数字资产的确权与交易成为建立价值网络的基础平台。当然，其实际应用要远远超过商业与金融领域，凡是互联网连接所及的地方，区块链技术就会成为一种全新的社会组织方式——伴随着"去中心化"，如何重构个体、社群与社会的有序且有效的连接，重构新的权威与信任便成为互联网与社会进化中的关键问题；而区块链恰恰是这样一种基于权利平等的个体间如何重拾信任和组织的全新技术基础上的全新组织逻辑和规则范式[1]。概言之，区块链技术是实现去中心化的分布式社会中人与人信任、协同的技术基础。

包含 VR、AR、MR、全息影像、脑机交互等的交互技术持续迭代升级，不断深化感知交互。当前的互联网技术只是实现了部分信息流的线上化，虽然人类感官中的听觉与视觉率先实现了突破，但嗅觉、味觉及触觉等感官效应目前还未触达和满足，而元宇宙在未来发展中的一个关键维度的突破就是将致力于实现对于人的嗅觉、味觉及触觉等感官效应的线上化，即实现人类在虚拟世界中感官的全方位"连接"[2]。简言之，交互技术为用户提供更全面立体的交互方式、更沉浸的交互体验，为元宇宙的世界提供从物理世界到生（心）理世界，从现实空间到虚拟空间的全面无缝连接。

游戏范式则是元宇宙的运作方式和交互机制。作为人们基于现实的模拟、延伸与加工而构建的虚拟世界，游戏给予每个玩家一个虚拟身份，并可凭借该虚拟身份形成社交关系，玩家在游戏设定的框架与规则内拥有充

---

[1] 喻国明．区块链变革与主流媒介的角色与担当［J］．新闻与写作，2018（9）．
[2] 喻国明．未来媒介的进化逻辑："人的连接"的迭代、重组与升维——从"场景时代"到"元宇宙"再到"心世界"的未来［J］．新闻界，2021（10）．

分的自由度，可以利用游戏货币在其中购物、售卖、转账，甚至提现。与之相似，元宇宙为人们提供了不受现实因素限制的虚拟空间，人们可以重新"选择"自己的身份并按照自己选定的角色展开自己一重甚至多重虚拟空间中的生命体验，并且实现新的价值创造。可见，游戏形态其实是元宇宙运作的基本范式，也是元宇宙中社交互动的基本机制。也许正因为如此，云游戏被视为是最先可能创造元宇宙场景的领域。

智能网络技术、物联网技术以及人工智能技术等网络及计算技术的不断升级则夯实了元宇宙网络层面的连接力与效率。要达到随时随地沉浸式进入与体验元宇宙，在移动网络能力足够强大的同时，终端还要足够便携和易佩戴，这就意味着终端侧的计算、存储、渲染处理等能力需上移到边缘和云端，再利用大带宽、低时延的网络能力将内容实时分发给终端。这种"瘦终端、胖云端"的模式需要在移动通信网络内部署广泛分布的边缘计算节点，构建算网融合的基础底座。因此，中国移动在布局元宇宙时提出"构建泛在融合的算力网络，打造一点接入即取即用的算力服务，达成网络无所不达、算力无所不在、智能无所不及"。

通过上述分析可以看出，元宇宙的基础架构正在于连接各技术体系、重组各技术要素，通过全面融合、有机整合，构造出全新的充分连接的高阶数字化社会。可以说，元宇宙就是对各项互联网相关技术的全面融合、连接与重组，是互联网全要素有机融合的终极模式，是对于未来互联网全要素如何发展的一个终极"远景图"。

三、研判路径：去中心化地扩展现实是推进元宇宙构建的关键着手处

如上文在分析中已揭示的，作为互联网终极形式的元宇宙是生态级的、

系统性的，是多种技术创新的总和，需要在多个技术向度取得突破性进展并实现有机融合，我们距离真正意义上的元宇宙还有很大一段距离。虽道阻且长，但行则将至。面对已逐渐显现的未来媒介化社会蓝图，我们必须提前布局。那么，结合当前技术发展水平，应该先从何处入手推进元宇宙构建？从推动互联网全要素有机融合的战略选择来看，未来传播形态升级需要抓住两个操作重点，一是虚拟现实（VR）、增强现实（AR）、混合现实（MR）等扩展现实（XR）将成为主流的社会表达方式，沉浸式传播将是社会互动的基本范式；二是传播权力将继续向"超级主体"回归，强参与将成为未来媒介传播的基本准则，终极数字媒介生态的实现需要共建、共享和共治。

（一）扩展现实营造的沉浸式传播将成为未来社会互动的主要方式

可以预见的是，元宇宙必然是生动鲜活的，未来媒介传播必然是具身沉浸的。目前互联网提供的社会交互手段仍然不够直观——从 1G 语音时代、2G 文本时代、3G 图像时代到 4G 视频时代，内容的表达方式虽不断丰富，但就交互体验而言，无论是图像还是视频，对屏幕另一端的人们来说依然是二维的存在，无法真正跨越空间的距离，让远距离的用户相聚在一个地方，在场感依然无法比拟于前技术时代的面对面交流。就场景传播而言，目前的技术发展处于构建"场"的阶段——解决人们不同情景下的个性化、精准信息和服务的适配问题，但下一阶段的重点——"景"的完善（提升"景观化"呈现和沉浸式体验）才刚刚开启。从这个角度来看，未来媒介传播的关键着手处便是交互方式的换轨升级。也如上文所强调的，交互技术是构建元宇宙的重要支撑性要素之一；这样我们也就能够理解扎克伯格为何将元宇宙解释为一个具身性的互联网，并强调用户不再浏览内容而是在内容之中。

网络基础设施的升级（5G 商用、6G 研发）带来了移动通信网络性能的飞跃——高速率、低时延和大连接，也将为新兴的沉浸技术释放更多的潜能。所谓沉浸技术，包括模拟产生一个虚拟世界，为用户提供感官模拟体验的虚拟现实技术（VR），通过计算机生成的虚拟信息和对象叠加在现实世界中，被人类感官所感知的增强现实技术（AR），以及将真实世界和虚拟世界混合在一起，来产生新的可视化环境的混合现实技术（MR），这些沉浸技术可统称为扩展现实技术（XR），即通过计算机技术和可穿戴设备产生的一个真实与虚拟组合的、可人机交互的环境。可以看出，扩展现实是对现有场景的突破与提升，打破了传统意义上虚拟与现实的对立，旨在达到二者的无缝连接和无边界交融，从而真正实现场景升维。这种升维的表达形式，会对相当多的互联网功能应用产生可替代性。特别是VR技术实现的虚拟场景构建，可以让人们在未来的信息传播与社会交往中不囿于现实客观的场景，而是根据自己的意愿去模拟真实的世界甚至创造出完全虚拟的世界，将生活中难以实现的特殊场景加以呈现。VR虚拟社交可以实现高度沉浸化、交互方式场景化、非言语传播并且具有实时性，真正实现了"在场"[1]。可以肯定的是，随着网络及计算技术的逐步升级，能够承载更多信息通路、以超高拟真度生动再现现实世界的扩展现实技术将会成为未来社会信息传播的主要手段。

进一步讲，VR/AR/MR等扩展现实技术将推动人类社会迈进高度智能化与实时交互的沉浸式传播时代。与非沉浸传播相比，沉浸式传播呈现出感官沉浸与实时参与的特征，具有以人为中心、无时不在、无处不在、无所不能的传播功能；它拥有超强的时空调用能力，即能够跨越时间、空间障碍，将过去与未来、宏观与微观、远方与近处等带到眼前，同时，传播也将真正地实现"我的场景我做主"，即信息由传播者与接受者共同创造，并共同进入沉浸式体验，更容易达成交互双方的"共情与共振"。可

---

[1] 喻国明,曲慧.VR/AR技术对媒体场景构建的三度拓展[J].传媒观察,2021(6).

见，扩展现实媒介及其营造的沉浸式传播展现出更强的横向连接：它不仅可以像传统媒介那样能连接人与信息、人与人，更可以连接人与物、连接现实世界与虚拟世界，连接人的物理世界与心理世界等；此外，也可以通过场景触发用户的服务需求，并且让汇聚各种资源的关键节点实现变现。因此，就元宇宙逻辑下的媒介发展的未来趋势而言，小型化、集成化、无线化，云 VR 的形态可能成为未来媒介发展的主流，作为元宇宙核心产业的大 VR 产业将具有广阔的发展前景。

（二）个体平权式参与将成为未来媒介生态建设的基本准则

扩展现实的沉浸式传播的另一侧面是主体性的继续强化，也就是参与社会传播互动的选择权继续向个体回归，个体拥有更多的自主性——不仅可以如以往一般自主选择接受的信息，享受个性化的内容与服务。更重要的是，借助扩展现实的手段，人们进行内容生产的自由度也大大拓宽，更准确地说，是从内容生产到场景构建，即个体进行社会传播交往的场景很大程度上由个体自己把控。换言之，不同于以往社会性传播中个体始终处于客场的位置，扩展现实的新场景是个体的主场。在这个意义上，未来传播的绝对主角是再次被深度赋权的社会个体。

必须看到，在互联网激活个体的当下，用户生产内容（UGC）和机器生产内容（MGC）已成为社会信息传播的主流，专业机构生产内容（PGC）占社会信息总量的份额已少之又少；未来，随着媒介技术对个体的进一步赋权，海量能量的裂变式释放是未来传播生态建设必须紧密依托的底层力量。进一步地说，构筑元宇宙是繁复巨大的生态系统工程，绝非是某一个或者某几个公司就能完成的，充分开放协同、强调主体参与才是题中应有之义。毕竟，以互联网为代表的数字媒介对于社会的重构是基于开放条件的连接和再连接，开放与连接或者说共享与协同是未来传媒发展不会变也不应改变的基本准则。目前来看，对元宇宙的初期探索确实基本遵循着用户参与的原则：Roblox 中大部分内容是由业余游戏创建者创建的，用户可以通过 Roblox Studio 自主创作游戏，然后邀请其他玩家来参与，并随着其他人的参与，对游戏进行快速更新和调整，正是因为游戏库能根据社区玩家的整体需求不断变化和扩展，Roblox 才会如此收获较强的用户黏度；截至 2020 年年底，Roblox 用户已经创造了超过 2000 万种（游戏）体验，其中 1300 种（游戏）体验已经被更广泛的社区造访探索。

需要强调的是，元宇宙的共同建设要想得以持续，需要以去心中化的平权式的共享机制和共治机制为保障，也就是说，要想做大蛋糕，必须分好蛋糕。在元宇宙中，用户生产内容之后的激励机制或者说价值回报机制的建立与完善至关重要，这也是作为元宇宙重要技术支撑的区块链技术的关键应用之处。以 Roblox 的经济系统为例，玩家购买 Robux，然后消费 Robux，开发者和创造者通过搭建游戏来获得 Robux，运营方在其中收取一小部分佣金；Robux 可以重新投入游戏中，也可以进行再投资，或者兑换现实世界的货币，不过每年至少赚取 10 Robux 才有资格加入把 Robux 转换成美元的"开发者兑换"计划。可以说，去中心化的价值回报是提升主体建构与投身新场景的积极性的重要手段；在这个意义上，元宇宙将是个体与各种机构实现价值增量的重要新领地。

无论离元宇宙还有多远，如上文已揭示的，人是媒介的尺度，人是媒介演进中不变的中心点。"任何的新媒介都是一个进化的过程，一个生物裂变的过程，它为人类打开了通向感知和新型活动领域的大门"[1]；就是说，媒介进化的意义是使人们能够探索更多的实践空间，能拥有更多的资源和更多的领地，去展示和实现人们的价值、个性以及生活的样态。数字化、

---

[1] 马歇尔·麦克卢汉. 理解媒介：论人的延伸 [M]. 何道宽, 译. 北京：商务印书馆，2000（27）.

网络化、智能化、虚拟化技术革命的发展，其底层逻辑正是为每个在传统社会的普通人赋能赋权，并强化人的主体地位——使人的意志与情感及其关系成为一种重要的线上力量的源泉，使人的社会资源的调动禀赋不断增强、社会实践的半径不断扩大[1]。"以人为本"，既是未来传播的核心逻辑，也是判别传播领域未来发展是否有价值、能否健康可持续的价值准则。因此，面向元宇宙与未来媒介传播，要始终以人为尺度，让技术更能服务于人的需要，以人本思维引导未来传播。

---

[1] 喻国明.传播学的未来学科建设：核心逻辑与范式再造[J].新闻与写作，2021（9）．

第六章
元宇宙作为未来媒体的集成模式的全新建构

【章节导读】

元宇宙是互联网发展全要素的集合体,将一系列断裂的、分隔的要素重新整合成一套有序运行的规则范式和组织体系,为未来媒体提供聚合性承载空间,也为社会发展构建了新的传播向度。在此背景下,未来媒体的存在形态可能不再是一种可触摸、固定化的"实体",而是由算法、人工智能以及区块链等技术所编制并赋予权重的复杂系统,代表着人与技术共存的"双栖社会生态"。从本质上看,元宇宙的"集成"概念共包含两大要素:未来技术与社会体验。前者作为底层技术为元宇宙提供了基础层支撑,在可延展、可融合、可触达的三元架构之下,形成了新的"认识发生论"和以"交互导向"为主的场景入口;后者则从结构层搭建的视角重塑生态平台上的各个组成要素,其中数字化基建创造了高稀缺性空间价值,让产业互联网逐步过渡到"体验互联网",并且为进入元宇宙中的用户形塑出沉浸化、多模态的用户体验与自适应化的操作流程,媒介技术对个体的赋能赋权还让海量的能量呈现裂变式的释放,开放式的底层设定奠定多主体共创共治共享的运行规则。总而言之,技术对传统社会的深刻解构所带来的一系列改变意味着整个互联网社会从"认知时代"向"体验时代"的突破与转变,而"游戏"范式则成为理解传播现象的重要切入点,也是通往未来的重要线索。

元宇宙的概念的走红背后蕴含着人们对数字化生存的想象与愿景，它作为一种重塑未来传播模式的可能形态，满足了人们在既有经验生活中对智能化、超感化技术的想象与体验需求，也是对现实世界的超越。元宇宙诞生于数字技术之中，但是其范畴又不仅仅局限于互联网，它还在升维的意义上为互联网发展中全要素的融合提供了一个未来的整合模式；也就是说，元宇宙将一系列断裂的、分隔的要素重新整合成一套有序化运行的规则范式和组织体系，构建了未来媒介的可能样态。

因此，可以说元宇宙是未来媒体的集成模式。一方面，从价值结构上看，元宇宙集聚了当下的高精尖技术，为用户提供了更具身化的沉浸交互体验，实现了物理世界与虚拟空间的无缝衔接，还进一步拓展了人类的生（心）理世界，创建了互融、共通的社会形态与生活方式，换言之，元宇宙在技术纵向连接的基础上还实现了人的横向连接；另外，从运行规则上看，元宇宙制定了全新的交互协议和标准，其对标准协议的搭建是无数现存的"子宇宙"聚沙成塔的关键要素。标准协议的搭建包括了用户的数字身份、社交关系等系列通用标准，孕育着一个真实的社会经济体系，将各种终端交互以及经济系统的接口统一化，实现技术意义上的互联互通。除了标准协议之外，元宇宙还通过非同质化货币（NFT）重构数字资产价值，赋予虚拟空间中的每一样器物以资产所有权凭证，让其拥有能够承载人类的资产权益和生活身份的保障。

一、从认知时代到体验时代：游戏是通往未来的重要入口

与其说元宇宙是一种技术，不如将其视为一种包含着人们对数字化社会想象的概念或理念，元宇宙架构在 5G、算法、边缘计算等技术之上，又

超脱于现实，这种理念将随着技术的不断发展和创新呈现未来媒介的变化形态，而"游戏"则是通往未来媒介的重要线索，邢杰等人在《元宇宙通证》一书中曾指出，电子游戏技术是元宇宙的关键支撑要素，游戏则是元宇宙的呈现方式，将交互内容与社交场景合并，实现流量聚合。

在 Web 1.0 的传统互联网社会，以文字为代表的印刷媒介承载的是某种精英主义内在逻辑，其中蕴含着理性思维，代表着富有逻辑性与严肃性的话语权力。到了 Web 2.0 的多媒体社会，视频手段的普及成为"泛众化"传播世道到来的重要技术基础，视频在表达空间上的维度更广、频谱更宽，对个体的赋能也比书写文字更加便捷、有效，视频本身并不排斥精英化的表达，但是却为普通人多元化、多维度的自我呈现提供了更普适化的渠道。以视频为代表的多媒体信息虽然更容易被接受，但是也同时更容易导致个体专注能力以及反思能力的弱化，多媒体时代的信息传播实质上代表着思维连贯性的打破。而以智能技术为社会基础架构的元宇宙时代，其更强调用户的高沉浸化体验与具身化的交互方式。信息将以一种现实复刻的方式呈现出来，这也进一步加剧了人们思维方式的表象化。从文字媒介到沉浸媒介的传播介质迭代，其背后的本质是整个社会从"认知需求"向"体验需求"的重要转变。

传统的观点认为，认知是一种复杂化心智功能的加工过程，其涉及多种认知资源的控制：调配与使用，而"用户体验"则是一种更为直观的测量标准，用来判断用户接受程度。情绪的交流、情感的共振在信息传播、集体认同以及注意力集聚过程中发挥着愈发重要的作用。基于此，以"游戏"的形态来搭建未来媒介的入口就成为元宇宙早期的落地接口，游戏化传播在这个过程中彰显了强大的传播基因。正如斯蒂芬森[1]所言："游戏精

---

[1] William Stephenson. The Play Theory of Mass Communication [M]. Chicago: The University of Chicago Press，1967:46.

神才是文化发展的本质"。传播作为一种个体与个体之间的分享行为，始终与娱乐和游戏的内在逻辑存在相当的契合，游戏机理一直是理解传播现象的重要切入点[1]，而这也将进一步加剧理性主义的式微和非理性主义的兴起。

以游戏为主的传播范式进一步考虑了人的复杂性、主观性以及非线性的特点，其贯穿历史的发展，根植于人们的心理活动与行为，游戏不仅存在于仪式、庆典、竞技等人们的家庭场景、工作场景以及私人化场景中，它们更存在于个体的主观想象之中。人们大脑中如潮水般川流不息的幻想、联想、遐想、自我会话、与他人对话以及情绪的转换、注意力和兴趣的更迭往往都具有游戏的特征[2]。在智能媒体技术所构建的"元宇宙"概念中，游戏与真实之间的边界将变得愈发模糊，扩展现实技术让人们可以通过控制与现实世界相映射的"虚拟人"来进行活动，这赋予了人们自由穿梭于真实与虚拟之间的权限，得以在不同的环境中自由变换角色，收放自如，让建立在未来媒介之上的游戏传播范式更具有主观性与自由度，使媒介和信息都成为传播过程中的"玩具"。对于用户来说，他们对媒介的接触与使用是彰显生命存在的活力和价值的体现，一方面用户在游戏中获得实质性的精神满足，得以反抗控制、追求快乐；另一方面，用户在虚拟人格的庇护之下逃避现实，麻痹自己。正如斯蒂芬森[3]对游戏的态度："尽管沉迷于媒介中的大众有时候是清醒的，但是为了游戏的目的，大众依然情愿沉浸其中"。游戏此时不再仅仅是一种游戏，更是

---

[1] 喻国明，杨颖兮. 参与、沉浸、反馈：盈余时代有效传播三要素——关于游戏范式作为未来传播主流范式的理论探讨 [J]. 中国出版，2018, (8): 16-22.

[2] 柯泽. 斯蒂芬逊传播游戏理论的思想史背景 [J]. 新闻大学，2017, (3): 107-113, 121, 151-152.

[3] William Stephenson. The Play Theory of Mass Communication [M]. Chicago: The University of Chicago Press, 1967: 1-3.

一种生活景观。

二、基础层支撑：可延展、可融合、可触达的数字技术

元宇宙的生态构建是一个系统性工程，包括了基础层的底部架构以及结构层的功能填充与要素再造，在"元宇宙"的概念出现之前，互联网的世界总体格局是一种相对离散、各自发展的状态。而元宇宙的出现则是对互联网中已有的各个要素进行连接与重组，在这一逻辑的推演之下形成更大的生产力与价值增值。此前，被称为"元宇宙第一股"的 Roblox 还提出了通向"元宇宙"的八个关键特征，即 Identity（身份）、Friends（朋友）、Immersion（沉浸感）、Low-Friction（低延迟）、Variety（多样性）、Anywhere（随地）、Economy（经济）、Civility（文明）。其中低延迟、多样性、随地、经济、文明属于技术主体的平台端所创造的运作环境；而身份、朋友、沉浸感则是技术受众所在的应用端在各类场景中的活动。元宇宙的这些特征将会对社会上大部分行业赋能赋权，并且将激发出传统互联网社会的新动能、新产能，实现全社会的高质量发展，但是这种发展离不开作为底层架构的技术支撑。

其中以人工智能、区块链以及 5G 为主的后端基建为元宇宙的发展提供了可延展的基础技术支持；以 VR/AR/MR、可穿戴设备等为主的智能化前端设备平台为元宇宙中的用户提供了可融合的交互交流方式；以游戏、社交、教育以及娱乐等为主的多元化虚拟场景为用户的内容生产提供了可触达的虚拟生活模式。在可延展、可融合、可触达的三元架构之下，元宇宙为人们的生活提供了更高的自由度以及更大的想象空间。（见图 6-1）

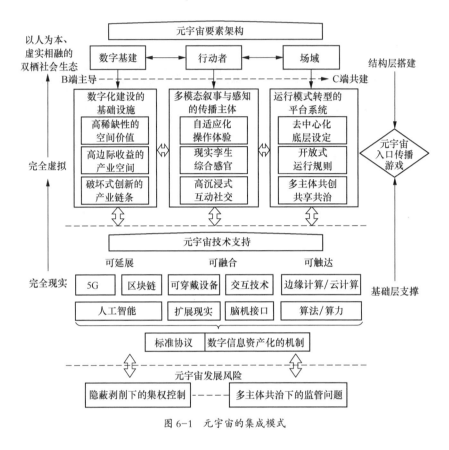

图 6-1 元宇宙的集成模式

（一）可延展：技术的本质是实现"微粒个体"与"社会环境"相连接耦合的介质

媒介技术的价值体现在对人类行为以及外部世界的连接作用方面。以技术为基础层支撑所建构起的第三空间，为身处其中的用户提供了一种全新的认识范畴，这正契合了哲学家伊德在海德格尔"存在"现象学的基础上所做出的发展性论断："没有技术的生活就像一种想象性的投影"[1]。元宇

---

[1] 唐·伊德.技术与生活世界：从伊甸园到尘世 [M].韩连庆，译.北京：北京大学出版社，2012:32.

宙架构在自然语言处理、边缘计算以及 5G/6G 等一系列技术之上，为人与人、人与物以及物与物之间的交流和互动提供基础支撑，保障了多主体之间无障碍交流，并且提升了整个系统的运行效率与智慧化程度，可以说元宇宙进一步实现了 Z 世代互联网原住民的"迁徙"，即将用户的身体认知延伸到了外部环境，在空间维度上延展了不同主体之间的交流场域，即通过自身与环境信息之间的交换而进一步完善个体的认知体系，环境在元宇宙世界中已经成为人类行为活动的一部分，这个过程重申了元宇宙的整体环境与个体认知之间的耦合关系[1]。

伊尼斯将媒介划分为"时间偏向"以及"空间偏向"两种类型，前者指信息可以在时间维度上传递得更快、更远，后者则指代能够突破空间限制的传播实践方式[2]。而作为元宇宙存在、发展的技术底座，无疑是同时突破了时间和空间这两种维度的媒介技术，元宇宙中表征化的游戏交互以及多重跨维的信息传输，都表现出空间流动化的特点。从人际传播时代以语言肢体作为中介的传播模式，到大众传播时代以文字、视频、图片等媒介为桥梁的跨时空交互途径，媒介技术存在的本身就是为了扩大人类的传播范畴，为传播效果降本增效，最终成为构建环境的重要载体，进而促进整个社会实践系统的交往语境变革。

例如，在现实世界的运行机制中，人们往往将对抗式、解构化的行为模式作为追求自由的标准和象征，互联网技术也将分散的力量重新聚合、放大，为社会中的相对无权者赋予了话语权和行动权。但是在元宇宙中，社会的权力格局将被重新定义，中心化、科层式的组织模式被进一步削弱，在这个过程中，区块链技术发挥着重要作用。作为元宇宙关键技术之

---

[1] Clark, A., Chalmers, D. The extended mind. Analysis, 1998(58), 7-19.
[2] 哈罗德·伊尼斯. 传播的偏向 [M]. 何道宽，译. 北京：中国传媒大学出版社，2017: 103.

一，区块链技术的去中心化、不可篡改以及可追溯的特性将重新塑造传统互联网时代原有的身份区隔、代际隔阂以及数据护城河的基础设施，通过智能合约实现跨宇宙数字资产的传输，打造出一套全新的经济系统。区块链本身蕴含着的"去中心化"的价值观，也与元宇宙的平权理念一致，这使得用户在多重的宇宙空间中得以用相同的身份进行交流活动，也因此提高了人的自由度以及创造力。

（二）可融合："离身化趋势"向"具身化认知"的转变形成了新的认识发生论

早在传统文字时代，麦克卢汉就提出了"媒介是人体的延伸"论断，纸质媒介延伸了人的视觉，广播媒介延伸了人的听觉，但是麦克卢汉在肯定了技术对人体机能的拓展优势的同时，也表明"任何发明或者技术都是人体的延伸或者自我截除"[1]，就像计算机外化了人类大脑机能，这一类电子设备为人们的资料搜集以及查阅提供了很大便利，但是同时这种依赖也弱化了大脑本身的记忆功能。而麦克卢汉所倡导的技术知觉观主要立足于传统媒介时代，这时互联网概念还未普及，相较于手机、VR/AR等新兴技术终端，当时的媒介处于一种"离身化趋势"，这意味着媒介虽然是人体的"延伸"，却不是人体的"本身"，即使当时的媒介已经可以极大丰富人类各个感官的机能，但是它依旧没有完全融入个体的日常生活。例如，文字的流行是媒介技术对知觉感官的第一次分割，将视觉通道从整体的感官系统中割离，智能媒介的诞生则让分离的感官重新实现聚合，但是这种聚合仍然脱离了"具身"的传播情境，以理性主义主导的精神交往模式掩盖了非理性化的身体实践。

---

[1] 马歇尔·麦克卢汉.理解媒介：论人的延伸[M].何道宽，译.南京：译林出版社，2011: 61.

反观元宇宙对互联网全要素的统合与集结，其将一系列高新技术"连点成线"。一方面，其通过终端设备使得虚拟世界与现实社会保持高度互联互通，满足人们日常的通信需求，如打电话、聊天以及购物等。而 AR/VR/MR 等终端设备的普及化与日常化是人们与外界连接方式革新的重大改变。每当互联网终端发生变革时，产业应用形态也将升级迭代。另一方面，技术也通过高度沉浸化的交互方式拓展了个体认识自我的路径与手段，在这个过程中，技术通过媒介间接作用于人们的日常行为方式，通过群体的社会活动改写整体社会生态，作为主体的人类也在反向建构和发展社会结构及其运行机制，这些行为共同生成了新的社会"认识发生论"。

例如，通过 VR/AR/MR 等沉浸式媒介元宇宙中的用户实现完全虚拟化的互动，而脑机交互技术的发展则进一步深化用户的感知交互体验，实现体感与环境的融合统一，这就改变了以往线性表达的浅层叙事，换之以多维度、多视角的立体呈现来实现受众认知视角的全面转型，从而进一步改变了传统"离身性认知"的体验，推动传播实践"具身化认知"的深化。在媒介与人类达成融合共生的社会态势下，那些集技术之大成的技术已然具备超现实、强连接的特性，裂变式释放媒介化社会中器物的"智能"体征，打破媒介作为中介物与个体之间的区隔关系。这种全感官体验深刻改写着主体的"认知基模"，在人类表达交流以及社会参与中发挥着重要作用[1]。因此，在元宇宙时代，"在场"与"缺席"的概念发生改变，其并不以可接触到的身体作为判定的唯一标准，反而强调精神上的非理性交往。人类通过 VR/AR/MR 等可穿戴设备的终端与技术进行具身化实践，与技术互补、协同与融合，在流动社会中建立起日益切实的连接，此时的媒介技术已然成为人们行动的"转译者"，正如拉图尔在行动者网络理论中放弃

---

[1] 朱婧雯, 欧阳宏生. 认知传播的理论谱系与研究进路——以体认、境化、行动的知觉 - 技术逻辑为线索 [J]. 南京社会科学, 2020, (5): 109-115, 124.

了理性主体的绝对主导性地位，强调技术中介以"代理"的形式在不同时空维度中对人的社会活动施加难以觉察的影响。

（三）可触达：从"空间导向"到"交互导向"的应用场景拓展了多维化的体验模式

传统定义中对"场景"的理解主要指在特定情境之下的服务适配，这种服务的本质是以空间为导向的关联。在元宇宙的集成模式下，场景不仅包括空间指向的落地应用（如 VR 教室、虚拟游戏厅等），还涉及人与非人行动者之间的行为模式与互动途径，其中以"数字人""虚拟偶像"等数字实体为主导的场景交互则可能成为下一个流量入口。诸如清华大学的"华智冰"、虚拟主播"洛天依"之类的虚拟人，它们是以计算机图像学、深度学习、动作捕捉以及语音合成等技术所打造的外形类人化的数字实体，不仅拥有人的外貌、人的行为，在某种程度上还拥有人格与思想。据《2021 年虚拟数字人行业概览系列报告》，2020 年，中国虚拟数字人行业市场规模约 2000 亿元，未来随着技术发展以及市场接受度拓宽，2030 年中国虚拟数字人市场规模将达 2700 亿元[1]。

从本质上看，不管是虚拟主播还是数字人，它们都是以关系逻辑为承载理念的新型算法，也是一种自带媒介属性的新型传播媒介，甚至能够与人类建立起亲密关系，让信息或者产品更快地被用户接受。当下虚拟数字人正在朝着智能化、普适化、便捷化、精细化以及多样化的趋势发展，在真人与虚拟人所建构的这种服务场景下，数字虚拟人作为服务向导，帮助人们完成一系列服务和反馈，跳脱出以往"二维化"的界面对话式交流，从视觉、触觉等多通道感官体验角度打造多维的体验模式。除此之外，在

---

[1] 头豹研究院. 2021 年虚拟数字人行业概览系列报告［R/OZ］.（2021-09-01）[2021-11-11].

未来随着虚拟数字人市场价值的释放，其将更深入地融入旅游、影视以及教育等领域，发挥更大的潜力。

除了虚拟数字人之外，以个性化服务需求为导向的交互场景也可能突破以往同质化、单一化的困境，成为又一落地场景。互动是个体实现自我认同的主要途经，也是社会动力形成的重要来源，而互动的基础则需要架构在场景之上。元宇宙是一种集纳大规模用户的参与式媒介，一方面实现了"时间消灭空间"的传统市场坍塌，创造了一个全新的空间场景；另一方面则进一步激活了分散化的个人需求。系统的复杂性以及节点分布的多样化也需要更丰富的数字化场景提供支撑。互联网作为"连接一切、赋能赋权"的传播平台，其"以人为本"赋权理念的突出表现就是在多圈层的流动性社会中突出人的个性化、分众化需求，也就是说，我们长期以来贯彻的以满足全社会群众共性化需求的传播模式已经逐渐被时代淘汰，而通过满足个性化、分众化需求的市场则需要以全新的传播手段来创造。要达成这一目的则需要建立基于"千人千面"的个性化场景的多点触达入口，在网状化、动态性的复合社会中实现需求的"对位"和"匹配"，在"场景—服务—体验"的传播过程中进一步完善连接的逻辑链条。

在元宇宙的底层架构技术中，以算法或算力为代表的数字媒介已然成为一种新的结构性力量，人的各种生理以及心理的数据都将内嵌在算法之中。虽然当下的算法已经实现了基于用户信息的协同过滤、基于用户社交关系的精准推荐以及基于内容流量池的叠加推荐，但是这一代算法的本质还是在共性化场景的背景下实现内容与人的初步连接，而场景化时代则更强调个性化场景下所有资源要素的整合与调配。换言之，元宇宙所形塑的场景可以允许任何人在任何地点做合适的事，这就对产业互联网资源的激活与配置提出了更高的要求，因为这个阶段所要调用的不仅是内容信息，还有社交关系的整合以及其他传播要素配置，以此来汇聚更多资源或产品的使用。随着未来硬件设施的提升以及算法的突破，以虚拟人为主要导向的交互场景的真实性与实时性也将得到大幅度提升。如果说算法是一台机器，那么数据就是助推机器运行的燃料，而算法在社会结构重塑过程中所发挥的作用也与以往的"旧媒介"不同，它下沉为整个社会的"操作系统"，构建出更多基于娱乐、教育、竞技等用户需求的个性化场景，缩短用户的触达路径，降低触达成本，引发的社会形态变迁更具颠覆性，进而推动社会进入深度媒介化时代[1]。

三、结构层搭建：数字化基建、多模态感知及开放式平台构造生态化媒介社会

"元宇宙"作为虚拟现实、沉浸式体验、区块链、云计算等互联网全要素的未来融合形态，不是简单地提升效率或产业转型，而是在整个架构上对整个互联网行业进行颠覆性的改变。以基础层技术为支撑，元宇宙还在结构层上作用于人类社会的形态塑造，在数字基建上，元宇宙通过场景要素的打造在无限开放的空间中生产出具有高稀缺性的"土地"资源，这里的"土地"不仅具备现实世界的空间价值，而且将随着元宇宙数字化程度的提升而进一步升级；对于身处其中的个体来说，元宇宙增加了人们在另一个空间中行动的可能性，即通过人工智能、AR/VR/MR 等新技术从更高维的层次还原个体的多模态叙事与感知；而承载着社会全要素高效运行的平台则以"去中心化"机制作为底层设定，其开放式的运行规则赋予了多主体共同创造、共同享受以及共同治理的权力。

---

[1] 喻国明,耿晓梦.何以"元宇宙"：媒介化社会的未来生态图景[J/OL].新疆师范大学学报（哲学社会科学版）：1-8[2021-11-27].

（一）数字基建：实物资产的确权弱化促进"产业互联网"过渡到"体验互联网"

数字化基础设施是指那些能够体现创新、绿色等发展理念的科技型基础设施，其中 5G 基建、特高压、城际高速铁路和城市轨道交通、新能源汽车充电桩、大数据中心、人工智能以及工业互联网是数字化基建所包括的"七大领域"[1]。在元宇宙时代，数字基建无疑将成为驱动互联网产业革命的重要推动要素。反观人类社会历史进程中经历过的几次工业革命，从蒸汽机的诞生到数字革命，每一次革命的发生都有新技术、新社会生产要素以及新基础设施这三大驱动因素的助推，元宇宙虽然没有产生新的技术，但是却聚集了社会上所存在的现象级产业，拥有时代变迁的重要特征，形成示范效应，在虚拟场域中创造与现实世界平行的高稀缺性空间价值。在现实世界中，土地资源以及房产资源等是具备高价值的产物，也是实物资产的确权，但是在虚拟空间中，数字资产的确立以及认定可能进一步削弱这些实际资产的价值，从而给社会带来巨大的变化。

一方面，元宇宙为互联网行业创造了足够大的产业空间，其作为一个未来媒介全要素关联融合的生态型平台，打破了当下互联网发展的委顿状态，令"各自为政"的各项技术得以看到摆脱独自奋战窘境的希望，激活了人们对未来互联网发展的极大想象力；另一方面，元宇宙本身具有足够长的产业链条，包括硬件的开发和操作系统的设计，能够带动一系列相关行业的发展，从智能汽车到智慧园区再到智慧城市，元宇宙是促进各个要素流动、转化与关联的关键抓手。自以互联网为代表的数字化革命发生以来，整个社会进入一个"断裂式"发展和"破坏式"创新的发展阶段，在这个阶段，把握现实发展的基本方式已经不能采用传统意义上从过去到现

---

[1] 田杰棠,闫德利.新基建和产业互联网：疫情后数字经济加速的"路与车"[J].山东大学学报（哲学社会科学版）,2020(3):1-8.

在的惯性发展式的"趋势外推"方法了，必须着眼于对未来发展的某些技术确定性的把握，思考今天的战略选择和策略安排，而元宇宙概念的诞生正为这些分散式的资源重新配置，并且为它们提供了一个得以持续发展的平台。

纵观互联网从 Web 1.0 发展到 Web 4.0 的演化逻辑，第一阶段的 Web 1.0 将面向商业端（ToB）作为主战场，新技术致力于完善产业端的基础建设，为社会革命的来临提供了坚实的技术基础；第二阶段是 Web 2.0 是面向用户端（ToC）的，在底层基建初步完善之后，面向用户端的技术和产品都实现了进一步的普及和升级，也促进各项技术与平台的日益"底层化"与"泛众化"进程，这种趋势的演进逻辑为社会的赋权机制提供了广泛的社会基础，使消费互联网形态初步形成；到了 Web 3.0 时代，人工智能、大数据、云计算以及物联网等新兴技术进入产业准备阶段，同时消费互联网的发展趋势已经触及"天花板"，人口流量红利逐渐见顶，而企业红利则初现端倪，产业互联网的形态逐渐形成。一旦这一产业准备基本完成，就迎来 Web 4.0 的社会应用性革命的爆发，元宇宙概念应运而生。此时产业红利将惠及普通大众，人们才能真正感受到 VR/AR/MR、5G 等技术给整个社会带来的革命性改变；去中心式的平权化社会到来，用户赋权的概念不再仅仅停留在信息的传播上，而是能够参与到整个系统的编辑与创建之中，此时的互联网重新"下沉"，强调用户体验的重要性，从产业互联网时代过渡到体验互联网时代。体验互联网时代就是元宇宙在基建完善的基础上所创造的一个新时代。

（二）行动者：现实孪生环境下的自适应式多模态感知

1911 年，有学者提出"普适计算"概念，指允许用户随时随地通过某种终端设备就可以访问到个性化信息的一种计算环境。这种全新的信息环境正是元宇宙所提供的新场域,不仅能够提供泛在化的服务方式,还能够适配情境化的资源,处于这种环境之下的个体则能够实现自适应生存。在传统媒介时代,诸如广播、电视、报纸等媒介代表的是一种"传播媒介化的准互动",这是一种身体缺席的单向互动方式,游离于共同物质空间的共享性之外[1]。融媒体的诞生虽然主张呈现形式的多样化与数字化,但是还是没有脱离感官分割的缺陷。在元宇宙的未来成熟的产业模式之下,媒介互动将以"沉浸感""互动性"以及"构想性"作为第一要义,这本质上是对虚拟空间的一种实景体验,不断弱化人与场景之间的界限,通过视觉、听觉、触觉等多通道感知实现"泛由自在"的拓展升华。

而"自适应性"则是这个过程中的重要特点,即用户在元宇宙环境中以沉浸化、自然化的方式来进行操作、尝试和反馈。传统的个性化信息服务方式强调的是用户对兴趣模型的主动定制、修改和调整,其本质是一种用户驱动的服务类型。换言之,在这种模式下,用户需要参与并干涉系统的运作。但是在自适应的信息服务模式下,系统将主动感知用户行为并且在恰当的时间点提供相应的情境服务,能够实现动态跟踪、分析并且预测个体的个性化需求,也就是说,自适应信息服务模式将用户与情境紧密关联,能够让用户在无指导的情况下进行交互与操作,从而提高用户体验效果。

此外,作为新媒介的元宇宙,还赋予了人们多通道感官交流的体验,在某种程度上实现了技术式的"感官再造",其取代了印刷媒介的静态性、符号性,表现以"非理性化"的服务理念,寻求诸如手势、语音以及视线追踪等多模态沉浸式的服务方式。多通道交互是指在一个感官系统中融合了两个以上的通道(如嗅觉、味觉、触觉等)的协作,其充分利用了人类

---

[1] 约翰·B. 汤普森. 意识形态与现代文化[M]. 高铦,等译. 南京:译林出版社,2005:227-230.

的不同感知通道,因此让交互过程变得更自然有效。多通道交互被认为是更为自然、更适应的人机交互方式[1]。正如尼葛洛庞帝所言:"思考多媒体的时候这些观念是必不可少的,即:它必须能从一种媒介流动到另一种媒介;它必须能以不同的方式去说同一件事情;它必须能触动各种不同的人类感官经验。"[2] 技术实现了媒介的泛化,脑机接口也逐渐应用到社会之中,这意味着人与机器之间的交互方式以及交流通道变得更加自然化、适应化以及无缝化,人体本身的感官诸如味觉、嗅觉、听觉以及触觉等通道都可以作为系统输入输出的信号。媒介也不再是外生事物,而是与人相互融合成为彼此的外延,在保留媒介居间性特征的同时也凸显人的主体性。因此,元宇宙中的媒介表现出一种异质性,即在多维空间中的传播既是"宽播",也是"窄播",而多通道的意义在于尊重受众的内在的个性化的需求,而其本质则非常凝练地集于泛介质对于人的包容[3]。目前技术所延伸的人体的性能主要集中在以 VR/AR/MR 为主的视觉上,而在未来,人的嗅觉、触觉等其他通道的感官也将进一步延伸拓展,实现多通道、多模态的全方位感知,使人得以形成接受环境信息的多感官接受以及反应机制,从而达到传播效果最大化。

(三)平台系统:开放式的底层设定奠定多主体共创共治共享的运行规则

在元宇宙中,数字技术直接赋权于个体,在开放式运行规则的基础上

---

[1] Jaimes, A., Sebe, N. Multimodal human - computer interaction: A survey [J]. Computer vision and image understanding, 2007, 108(1-2), 116-134.

[2] 尼葛洛庞帝. 数字化生存 [M]. 胡泳,范海燕,译. 海口:海南出版社,1997:91.

[3] 杜骏飞. 泛传播的观念——基于传播趋向分析的理论模型 [J]. 新闻与传播研究,2001, (4): 2-13, 95.

还选择权于每一个主体，也因此带来了全新的社会组织方式——去中心化，即在保障组织者权威性以及影响力的基础上协调系统与个体之间的有效连接与触达。例如，Roblox 既提供游戏，又为玩家提供游戏创作平台，即玩家可以在平台上自行创建内容、输出内容，还拥有独立的闭环经济体系，Roblox 中的大部分游戏都是由业余爱好者创建的，总量超过了 2000 万种，并随着其他玩家的参与慢慢建立完善系统的游戏规则，Roblox 官方曾经表示，游戏不能被称为游戏，应该是一种"体验（Experience）"。由此可见，媒介技术对个体的赋权能让海量的能量呈现裂变式的释放，共同致力于元宇宙平台生态的建设，元宇宙的底层运作逻辑正是通过点对点的连接来强化分布式力量的，它使人们拥有了更多的选择和自由度，对以往组织化、科层化的集中式结构形成挑战。

这种去中心化的运行规则离不开作为"底层托手"的平台。每当互联网迈入一个新的时代，平台的涌现和扩张无疑成为信息化社会不可回避的议题之一，技术的升级也进一步让实体平台实现与虚拟平台的跨越、融合。从发展趋势来看，互联网平台作为一种新媒体，让"连接"与"再连接"成为扩展市场规模的重要手段，而当这种连接趋势触顶之后，又形成了集社交、个性化推荐以及搜索于一身的"一站式"全方位服务，在此基础上，平台便能够吸引海量流量并且维持用户黏性，促进传播生态的重大改变。目前，互联网平台在本质上是一个以技术为架构骨骼，以商业为灵魂的开放、多元以及普适的承接载体，这些平台的共同逻辑是以基础性的功能作为开放连接的要点，并在此基础上让个体之间进行关联与互动，在提升平台价值的同时也满足用户的多样化需求[1]。

---

[1] 喻国明. 传播学的未来学科建设：核心逻辑与范式再造 [J]. 新闻与写作，2021(9):5-11.

四、元宇宙与社会治理：多元共治下的挑战与风险

元宇宙是人们对未来互联网技术发展形态的愿景，也是人类科技文明的集成，但是技术的演进和迭代并不是一蹴而就的。从产业层面上看，元宇宙各个细分产业尚未成熟，如扩展现实、人工智能以及物联网等终端产业还处于发展阶段，这些底层产业只有成熟之后，才能支撑起整个"帝国"的运行；从技术层面上看，元宇宙时代的降临还需要更先进、更稳定的技术储备，如果说 5G 技术创建了低时延、高速率的发展环境，那么 6G 时代的到来才能在已有蓄能的基础上构建起"全息全真互联网"。因此，在此背景下，元宇宙产业还面临着一系列问题。

一方面，平权化平台也面临着隐蔽的集权控制问题。卡斯特曾经在《网络社会的崛起》一书中强调，信息技术的流动与既定的社会机制之间是一种动态性的相互影响的关系。因此，虽然元宇宙环境秉持着去中心化的底层设定，但是同时也会因为圈层的聚集以及财富积累的不均衡带来"再组织化"的聚集效应，从而可能带来分配结果的垄断现象。换言之，平台将内容的生产工作外包给内容创作者，以减少对系统运作的直接控制，从而实现降本增效的目的，但是这并不意味着平台"放弃控制"，当中介性机构介入，将原本分散化、原子化的创作者转变成规律化、模式化的生产团队时，虽然平台整体的内容运作效率提升了，但是这也破坏了"平权"的规则。

另一方面，多元主体共治局面下也面临着难以监管的问题。元宇宙作为一个用户共创、共治、共享的平台，在其中，每一个个体都可以借助终端迅速制作以及传播信息，人们的道德规范以及媒介素养差异难以对信息生产问题发挥有效的约束作用，这就呈现了创作自由和监管困难之间的矛

盾。换言之，数字化平台既要保障每个用户创作的权力，同时也要确定合适的监管主体与"把关人"审核机制，建立起从事前审核到事后审查的价值链条，以实现平台有效的自律与他律。

元宇宙不仅是未来媒体的集成模式，还是一种补偿性媒介，人们在现实生活中所缺失的、无法满足的需求，都将在虚拟世界中进行自我补偿，呈现人通过技术或媒介来认知世界的永恒渴望与追求，而从"身体补偿"的角度来看元宇宙的发展与流变更是一种以人为本的媒介考察方式，这不仅是一种生（心）理补偿，也是一种心理补偿。也就是说，基于人类知识、技术以及想象力所构造起来的元宇宙最终也将反作用于人们的心智世界，让其突破既有的状态与逻辑，开拓反向自我设计以及改造的能力，从而拥有更大的自由度。

在元宇宙这样一种现实的镜像化环境中，元宇宙打破了既有的社会实践疆界。一方面元宇宙突破了人类社会实践现实空间的物理束缚，可以自由地选择终端入口在虚拟世界中开展自身的一重甚至多重虚拟空间的交互体验，并且可以在这样一个开放式平台中实现社会价值的创造，这是人们摆脱现实世界中时空限制的重要里程碑；另一方面，元宇宙实现了人类在虚拟空间中对人的感官的全方位"连接"，虽然目前互联网技术已经实现了信息的互通共享，但是这也只是局限在部分信息流的线上化上，主要集中于视觉与听觉通道的延伸，而在元宇宙所创造的虚拟世界中，人类感官还可以实现触觉、嗅觉甚至味觉的线上化与全方位提升[1]。可以说，我们目前对未来媒介的存在形态以及终极本质的探讨，主要是为了以此为依托并在此基础上窥探人类文明的发展逻辑与未来趋势。

除了凸显人的主体性之外，元宇宙还超越了地域、政策以及现实社会

---

[1] 喻国明. 未来媒介的进化逻辑："人的连接"的迭代、重组与升维——从"场景时代"到"元宇宙"再到"心世界"的未来 [J]. 新闻界, 2021(10):54-60.

运行规则的限制，创建了一个去中心化的世界，彰显了"美第奇效应"。该效应是指"我们在将思想立足于不同领域、不同学科、不同文化的交叉点上时，就可以将现有的各种概念联系在一起，组成大量不同凡响的新想法。"[1] 元宇宙所造就的生态环境正处在互联网全要素协同与创作的交叉点上，又通过交叉思维的碰撞与创新培育未来媒介的可能存在形态，不断突破人们的感官边界。总言之，元宇宙不只是下一代互联网形态，更是人们未来的一种生活方式，其创造了一个虚拟世界，又将其与现实世界相连接，丰富人的感知，提升人的体验，延展人的创造力和更多可能性。

---

[1] 弗朗斯·约翰松. 美第奇效应：创新灵感与交叉思维[M]. 刘尔铎，杨小庄，译. 北京：商务印书馆，2006:7，239.

第七章
"深度媒介化"是元宇宙驱动下的媒介与社会发展的底层逻辑

【章节导读】

  "深度媒介化"范式指向的是在以元宇宙为代表的数字文明的驱动下数字媒介作为一种更高维度的媒介,以新的传播关系深刻地重构着以往的各种社会关系,这为把握未来传播的发展方向提供了有益视角。在深度媒介化阶段,个体的力量被激活,大量个体间的弱关系连接交错叠加组织成网络社会,传播互动及其代表的关系连接成为新的权力来源。新的传播构造下,传媒场域也在重塑。技术平台正成为传媒业的关键行动者,其不仅带来了产业边界和力量格局的改变,更重要的是其强调关系连接的网络化逻辑升级迭代了传统大众媒介依循的信息生产的单向逻辑。面对新的价值逻辑,未来传媒业可以从"新一代内容"和大数据入手来积累关系资源,进而在新形势下重构传媒影响力。

一、"媒介化"问题的提出：在数字文明时代为什么媒介越来越重要

伴随着信息与通信技术（Information and Communications Technology，ICT）的发展，越来越多的媒介与传播学者洞察到新传播技术引发的当代媒介环境变革：传播媒介的数量不断增加、类型日益多元，多种形式的媒介逐渐整合并融入日常生活实践，媒介在社会变化中扮演越来越重要的角色，也就是所谓的"现代社会已然完全由媒介所'浸透'（Permeated），以至于媒介再也不能被视为一种与文化和其他社会制度相分离的中立性要素"[1]。同时，他们也意识到传统的主流媒介与传播研究总是倾向于聚焦被媒介所传递的信息——无论是研究"媒介对人们做了什么"的效果范式，还是研究"人们用媒介做了什么"的文化研究取向，均仅把媒介视为一种中介要素，只关注传播过程和其所中介传递的内容，这些微观且具体的研究只能称为"中介化"（Mediation）研究[2]；而以伊尼斯、麦克卢汉为代表的媒介理论（Medium Theory）学派则过于直接地界定一种媒介"形式"对社会文化的塑造作用，忽略了媒介内容问题。他们认为这些方法均不能概念化当代文化和社会的一个关键特征——当今社会是一个"被媒介浸透的社会"（Media-Saturated Society），即媒介不再抽离于社会（对文化与个人施加特定的影响），而是成为社会内部的文化结构的一部分，是"我们呼吸的文化性空气"，所以他们认为已有研究范式不足以回答为什么媒介

---

[1] Hjarvard,S. Mediatization of Society: A Theory of the Media as Agents of Social and Cultural Change. Nordicom Review, 2008: 105-134.
[2] 施蒂格·夏瓦. 文化与社会的媒介化 [M]. 刘君，李鑫，漆俊邑，译. 上海：复旦大学出版社，2018.

如此重要（而且越来越重要）的关键问题[1]。于是，一个旨在把握媒介嵌入日常生活更广泛后果的新概念——"媒介化"（Mediatization）被创造出来，并在十余年间迅速成为全球范围内媒介与传播研究的重要理论概念。

在这场欧陆学者领衔的"媒介化转向"的范式变革中，媒介传播学的研究视野被大大拓展：不仅有关于媒介化概念和观点的宏观层面理论性研究，还涌现了大量围绕社会生活中各个领域的媒介化展开的具体研究，如政治媒介化研究、宗教媒介化研究、营销媒介化研究、教育媒介化研究等。但需看到的是，现有的媒介化讨论大多聚焦于媒介对社会其他领域的他律作用，却相对忽略了一个对传播实践极为重要的研究问题——在一个"万物媒介化"（Mediation of Everything）的时代，媒介在重构整个社会的同时必然也重塑了自身场域；在新的社会结构中，传媒场域的角色担当或者说价值重点究竟发生了怎样的改变？对于这个关键性问题的解答关系在新的传播现实下传媒业生存法则的重新确立。因此，本章将以理解社会如何被媒介化为分析起点，在洞察到新一代信息技术催生的数字媒介作为一种元媒介推动"媒介化"转向"深度媒介化"后，进一步探究当前深度媒介化阶段社会整体传播构造变革，并在此基础上讨论媒介业主导力量和主导逻辑的迭代，以期帮助读者把握面向未来传播样态的未来传媒业新的价值实现方式。

二、从"媒介化"到"深度媒介化"：新传播技术正在根本性地重构社会

要探讨媒介化社会语境下传媒的角色变迁，需首先厘清何谓媒介化社

---

[1] Couldry,N., Hepp,A.. Conceptualizing Mediatization: Contexts, Traditions, Arguments[J]. Communication Theory: 191-202.

会以及当前社会所处的媒介化进程，这其实涉及如何理解、诠释媒介化的问题。

（一）"媒介化"描述的是媒介传播技术变革和社会变迁之间全景式关系

如何理解媒介化？研究者们已经从不同视角出发来诠释其概念内涵：一部分研究者倾向于将媒介视为"一种（半）独立的社会机构"，即将媒介"机制化"（Institutionalized）；也有一部分研究者倾向于将媒介视为"一种社会情境"，即将媒介"情境化"（Contextualized）[1]。可以看出，这两种视角通过类似概念操作化的方法将媒介明确地界定清楚，即对媒介化的概念化偏向界定性。而正如丹麦学者延森所建议，为"给予概念的使用者在处理经验事例时一种一般意义上的参考和指导"，相比于界定性（Definitive）概念，媒介化更适合被理解为一种敏感性（Sentitizing）概念。而所谓敏感性的概念，最早是美国社会学家、符号互动论的主要倡导者和定名人布鲁默（Herbert Blumer）提出的，他认为，除了人们通常所熟悉的"界定性的概念"之外，还有一种概念形式就是"敏感性的概念"。他指出："界定性概念的准确含义，是指通过对事物的属性或固定指标的清晰界定，来描述对某类对象来说具有共性的内容。"而敏感性概念则"给予概念的使用者在处理经验事例时一种一般意义上的参考和指导"。布鲁默强调，敏感性概念并不只是代表研究设计的先行性研究，或理论框架的研究设计、早期设想，从而具有"不成熟和缺乏科学复杂性"的特点。相反，它们首先是我们接近"自然社会世界"的必要条件，而且这些概念的丰富性会递增："敏感性概念可以被检验、改进和完善。其有效性可以通过对

---

[1] 戴宇辰.媒介化研究：一种新的传播研究范式［J］.安徽大学学报（哲学社会科学版），2018（2）.

它们所应当涵盖的经验事例的仔细研究来验证。"[1] 其实，所谓"敏感性的概念"实质上就是一种实践范式意义上的概念，而媒介化恰恰属于这一概念类型。

为获得对媒介化概念更一般意义上的理解，不妨先回到媒介本身，从媒介自身属性来认识媒介化。不同于把媒介看作从经验上可感知客体的"工具"论媒介观，麦克卢汉提出"媒介是人的延伸"，揭示了一种去实体限制的隐喻的媒介观，这种媒即万物、万物皆媒的媒介观强调的是媒介作为一种中介物的抽象意义。可以根据社会"结构二重性"（Duality of Structure）来进一步理解媒介这种中介物的意义——社会结构由行动者的行动建构，同时它又是人们的行动得以可能的桥梁和中介[2]。从这个角度看，媒介作为人借以经验世界的技术与非技术的中介手段，是社会实践的构成部分，它遍布于社会，也构造了社会。也就是说，媒介是社会之所以成为社会的要素，那么媒介化其实就是社会结构化的一个组成部分和必要条件，也正是在这个意义上，"社会不仅因传递（Transmission）与传播（Communication）而存在，更确切地说，它就存在于传递与传播中"[3]。所以可以说，媒介化是一个元过程（Meta-Process），是关于社会的基本特性描述。

因此，从更广泛和包容的视角来看，媒介化是媒介构造社会的长期过程，其概念指向的是媒介如何影响社会构型，即关注不同媒介技术开辟的新的社会行动方式和组织新的社会交往关系。简略地举例来看，货币让人们变得理性且精于算计，使人们的生活速度加快且处于一种严格安排的节

---

[1] 克劳斯·布鲁恩·延森.界定性与敏感性：媒介化理论的两种概念化方式[J].曾国华，季芳芳，译.新闻与传播研究，2017（1）.
[2] 张云鹏.试论吉登斯结构化理论[J].社会科学战线，2005（4）.
[3] 詹姆斯·W.凯瑞.作为文化的传播[M].丁未，译.北京：华夏出版社，2005：3.

奏中；口语、铭文、羊皮纸等偏向时间的媒介帮助权威的树立和社会等级体制的确立；报纸、广播、电视等克服空间障碍的大众传播媒介带来社会交往的世俗化、现代化和公平化，等等。再以商品营销这一具体领域中社会行动方式的转变为例，商品营销手段随着媒介技术的发展而日益丰富：从口头吆喝到印刷广告页，到购买报纸、广播、电视广告位，到影视剧"软植入"，再到智能信息流广告，等等；即每种新的传播手段都会带来新的商品销售方式。概言之，"媒介化"范式描述的是媒介传播技术变革和社会变迁之间全景式的关系。

（二）"深度媒介化"强调的是数字元媒介带来的新传播关系重构整个社会

必须看到，新一轮科技革命所催生的"新"媒介的区别性特征——在大数据、云计算、人工智能等多种数字化信息技术浪潮下，万物互联逐渐成为现实，这个连接人与人、人与物、物与物的数字化智能网络将媒介分布并整合到多个对象和场景中。信息交换与社会交往正在跨越物理世界的界限，逐渐嵌入自然环境和人类身体。简单来说，数字媒介——数字网络及运行其上的智能算法——连接并改造着"旧"的媒介，在这个意义上，具有更强关系聚拢特质的数字媒介成为媒介的媒介，即一种更高维度的媒介，或者说元媒介。

因此，相比于传统的散落的媒介，作为一种更高意义上的媒介，数字媒介以重新连接一切的方式，成为社会结构化中更基础性的建构力量。正是洞察到数字媒介的特性，安德烈亚斯·赫普主张发展一个新的名词以便反映目前所面对的最新的媒介化现象，他用"深度媒介化"来概括媒介化在数字时代的新特征。

必须认识到的是，"深度媒介化"是不同于"媒介化"的新理论范式：

第七章 // "深度媒介化"是元宇宙驱动下的媒介与社会发展的底层逻辑 //

以互联网与智能算法为代表的数字媒介作为一种新的结构社会的力量,其作用于社会的方式与以往任何一种"旧"媒介不同,它下沉为整个社会的"操作系统",所引发的是更根本性和颠覆性的社会形态变迁。从"媒介化"到"深度媒介化"的范式变革意味着,互联网等数字媒介引发的传播革命正在史无前例地改变社会的基本形态,新传播所建构的新型关系已经在很大程度上重构了以往各种社会关系。换句话说,传播不再只是社会结构中一个组成部分,而是构成了整个社会形态的基本要素,传播编织的网络就是社会结构本身,或者说,是传统社会结构的一种替代[1]。

实践中,政治、经济、文化等社会生活的方方面面正逐渐重新构建在互联网这个新媒介平台之上,如像直播带货所构造起来的新商业,云上教育所带来的新教育,以及未来即将出现的各种新服务[2]。荷兰学者乔·范·迪克(José van Dijck)将这种互联网平台重塑社会生活的社会现实概括为"平台社会"。其实,平台社会是社会深度媒介化的重要表征——千行百业在线上的组织方式是通过传播的连接来承载和构建的,即所有的资源架构通过传播"穿针引线"。同样以商品营销这一具体领域为例,数字媒介带来的网络购物以及直播带货更深刻彻底地改变了商品销售,建构了新的系统性规则,相比于对门店选址、客流量以及销售人员水平的关注,新商业更重视网店推广链接、访问量以及用户点评和反馈等,即更看重自身节点与节点之间的关联程度。

总言之,"深度媒介化"范式强调的是,数字媒介带来的传播革命正根本性地重构着各种社会关系,改变着社会基本形态,也就是整个社会正以新的传播的机制、法则和模式来进行自身业态和架构的重构。

---

[1] 孙玮. 传播:编织关系网络——基于城市研究的分析[J]. 新闻大学,2013(3).
[2] 喻国明. 推进媒体深度融合需要解决的三个关键问题[J]. 教育传媒研究,2021(1).

三、理解深度媒介化：关系赋权成为微粒化网络社会的新权力机制

既然数字媒介带来的社会深度媒介化是一种根本性的社会变革，那么为更准确地把握传媒业所处的宏观社会传播图景，有必要进一步分析以数字化、网络化、智能化为核心的新一代信息技术究竟如何重构了社会，也就是要考察当前深度媒介化阶段呈现的社会整体传播结构。

（一）以个体为基本行动主体的"微粒化社会"到来

数字媒介对于社会的重构是基于开放条件之下的连接和再连接，这极大改变了社会资源的分布。未来学家尼葛洛庞帝曾预言，数字化生存天然具有"赋权"的本质，在数字化的未来，人们将找到新的希望与尊严[1]。这个预判正逐渐成为一种现实——新一代信息技术对社会中相对无权的个体和群体的赋权超越了以往任何一个时代，传播技术的发展与传播工具的普及极大地便利了人们自主甚至自动接触、搜集和传播信息，那些在历史上从未被"看见"的个体"出场"，那些曾经面目模糊的个体的行动轨迹与需求偏好被洞察。进一步而言，连接起人与人的互联网不仅激发了个体的能动性与创造性，更前所未有地激活了原本散落在个体身上的闲置时间、闲置知识、闲置经验等各类传统社会无法有效利用的微资源；随着互联网将连接拓展至人与物、物与物，更多的微资源、微价值、微内容在万物互联条件下得以被发现、挖掘、聚合、匹配[2]。这便意味着，数字媒介的开放与连接或者说共享与协同，通过打破传统的局域市场改变了资源的稀缺程

---

[1] 尼葛洛庞帝.数字化生存[M].胡泳，范海燕，译.海口：海南出版社，1997:269.
[2] 喻国明.理解未来传播：生存法则与发展逻辑[J].新闻与写作，2020（12）.

度，各类资源之间的连接呈现无所不至的可能，使绝大部分社会资源的稀缺性降至前所未有的低点，一些社会资源的边际成本近乎于零。

因此，社会网络中自由流动资源盈余越来越多，自由流动资源的大量释放冲击了曾经掌握社会资源分配的组织机构的社会资源控制力，使个体对组织的依附程度减弱，社会的基本单位由组织降解为个体[1]。历史地看，在中国传统农业社会，社会按照血缘和地缘进行组织制度安排，家族成为整个社会的权力和资源整合的主要组织结构[2]；进入工业社会，国家通过组织或"单位"控制了最为稀缺的社会资源，个体的生存与发展必须寻求组织的庇护，个体的利益与价值必须通过组织才有可能实现，于是，以国有企事业单位为代表的组织单位在职工与单位之间形成了一种人身依附的组织关系，单位成为分割社会关系的重要因素[3]；20世纪90年代以来，以互联网为代表的数字媒介更是创造了全新的资源配置方式和价值形成模式——使用权比所有权更加重要，社会资源分配从零和博弈转向"人人为我、我为人人"的非零和博弈，借助互联互动，个体能够在组织框架之外找到替代性的资源与渠道，个体获得了更大的自由度，个体之间可以产生自由的连接和多样的互动，而这些连接与互动会再次形成更大的社会价值。在这个意义上，数字媒介推动社会进入以个体为基本运作主体的"微粒化社会"，其对社会的改变是一种核裂变式的能量释放。

（二）大量个体间的弱连接关系组织起网络社会

社会基本运作主体由组织单位裂变为个体的"微粒化社会"，在给人

---

[1] 喻国明，马慧.互联网时代的新权力范式："关系赋权"——"连接一切"场景下的社会关系的重组与权力格局的变迁[J].国际新闻界，2016（10）.

[2] 殷亚迪.文化自觉与会通中西——以费孝通团体格局与差序格局为线索[J].学习与探索，2019（4）.

[3] 孙立平."关系"、社会关系与社会结构[J].社会学研究，1996（5）.

带来一种新的连接和组合的自由度的同时，其实也改变了社会的组织形式以及交往方式，加剧了社会结构的离散趋势。

随着传统的社会组织单位失去了中心地位与控制力，原有的自上而下的由少数资源控制者集中主导的社会系统，逐渐变为离散的由个体力量主导的复杂交互网络。曼纽尔·卡斯特将信息时代的社会结构形态概括为"网络社会"（Network Society）："作为一种历史趋势，信息时代支配性功能与过程日益以网络组织起来。网络建构了我们社会的新社会形态，而网络化逻辑的扩散实质地改变了生产、经验、权力与文化过程中的操作和结果，虽然社会组织的网络形式已经存在于其他时空中，新信息技术范式却为其渗透扩张遍及整个社会结构提供了物质基础"[1]。简单地说，不同于农业社会的差序格局与工业社会的团体格局，新信息技术范式带来的是一个扁平化的分布式社会，表现为去中心化的网络格局。

对这一社会结构形态的变迁可以从社会交往方式转变的角度来做进一步解读。美国社会学家马克·格拉诺维特提出强连接和弱连接的概念，他认为，强连接关系能将作为个体的一个个人结合为群体，但弱连接关系可以将不同的群体结合为更大的网络社会[2]；虽然其根据相互接触的频数来界定强弱关系的划分方法过于简单化，但对不同社会关系以及不同社会关系区别性作用的洞察具有极大的启发意义。从强弱连接关系视角出发，可以看到，在以家族单位和组织单位为社会基本单位的社会中，人际交往主要围绕着地缘、血缘以及利益交换等展开，且更多地发生在以家族或组织为中心的辐射范围内，社会关系以强关系连接为主。而在微粒化的网络社

---

[1] 卡斯特.网络社会的崛起[M].夏铸九，王志弘，译.北京：社会科学文献出版社，2001：569.
[2] 克拉斯塔基斯，詹姆斯·富勒.大连接：社会网络是如何形成的以及对人类现实行为的影响[M].简学，译.北京：中国人民大学出版社，2012.

会中，传统社会关系网络被打破，传统的建立在血缘和亲情基础上的社会支持体系被撕裂，弱连接关系逐渐成为社会交往方式的主流：一方面，趣缘成为社会关系连接新范式，智能算法为人们构建起一种以趣缘为基础的隐性连接[1]，安德烈亚斯·赫普把这种新的集体形式称为"平台集体"（Platform Collectivities）[2]；另一方面，个体的流动性增强，个体可随时依据自身的身份、利益、爱好、情感、价值等因素与他者建立或中止连接，短时间聚集起来、缺乏身份认同、感情投入脆弱的"衣帽间式共同体"涌现，这些超级个体不止身在一个"共同体"，他们在不同"共同体"间游走[3]。总言之，数字媒介生成了大量以弱连接为基础的关系网络，这些关系网络交错叠加，组织成具有开放性的复杂交互的网络社会。

（三）连接互动发展为网络社会中主导的权力实现方式

还必须看到，数字媒介不仅变革了社会基本运作主体、组织形式以及交往方式，还深刻地改造了社会权力的运行机制。

在此可以用曼纽尔·卡斯特提出的"传播的权力"（Communication Power）来理解这一新权力来源。卡斯特将权力界定为"人类主体间的关系，它在生产与经验的基础上，通过潜在与实际运用的（实质与象征的）暴力，而将某些主体的意志强加在其他人身上"[4]，在他看来，"暴力"和"话语"都是权力的来源或者说是权力的实现方式。但在网络社会中，这两种

---

[1] 喻国明，曾佩佩，张雅丽，周杨.趣缘：互联网连接的新兴范式——试论算法逻辑下的隐性连接与隐性社群[J].新闻爱好者，2020（1）.

[2] 常江，何仁亿，赫普.我们生活在"万物媒介化"的时代——媒介化理论的内涵、方法与前景[J].新闻界，2020（6）.

[3] 曲慧，喻国明.超级个体与利基时空：一个媒介消费研究的新视角[J].新闻与传播研究，2017（12）.

[4] 卡斯特.网络社会的崛起[M].夏铸九，王志弘，译.北京：社会科学文献出版社，2001：570.

权力实现方式都有所"变形":"暴力"的实现受多种限制而难以较快反映在权力关系的构建中,而"话语"的意义构建也必须依托数字化信息传播技术以扩大其影响范围[1]。因此,他认为网络社会中的"权力基本上是围绕着文化代码和信息内容的生产和传播进行的"[2],也正是在这个意义上,他将传播与权力同构——"权力即传播的权力"[3]。换言之,在卡斯特看来,在当今我们所处的网络社会中,权力依赖传播互动而实现,谁控制了传播,谁就拥有了权力。结合卡斯特在《网络社会的崛起》结尾的论述,"流动的权力优于权力的流动。在网络中现身或缺席,以及每个网络相对于其他网络的动态关系,都是我们社会中支配与变迁的关键根源。"[4] 可以看出,卡斯特所强调的"传播的权力"其实是传播行为本身所代表的互动关系的权力。

这也意味着,以数字化信息传播为主要手段的网络社会里,在行政、资本、暴力等传统权力来源之外,节点间的连接以及大量连接所产生的关系资源成为一种新的赋能赋权的力量源泉。关系赋权作为一种新权力范式,可以被理解为:个体的力量在无限连接中聚合、放大、爆发,从而为社会的相对无权者赋予话语权和行动权。也就是说,网络中的权力产生于连接互动之中,"中心节点"便来源于连接数量和连接强度的集结;谁能够在这种连接中切实有效地掌控和激活关系资源,谁就能够成为网络社会的"权力中心"。数字时代对"流量"(Traffic)的重视,所展现的便是新社会

---

[1] 唐荣堂,童兵"传播即权力":网络社会语境下的"传播力"理论批判[J]. 南京社会科学,2018(11).

[2] Mauel Castells.Communication Power[M].New York: Oxford University Press, 2009: 16.

[3] Mauel Castells.Communication Power[M].New York: Oxford University Press,2009: 53.

[4] 卡斯特.网络社会的崛起[M].夏铸九,王志弘,译.北京: 社会科学文献出版社,2001: 569.

形态下新的权力机制——大量弱连接的叠加同样可以带来巨大的影响力。

四、把握未来传媒业转型：从专业信息提供者升维为社会生活组织者

在深度媒介化时代，传播环境和传播现实已发生根本性改变，这意味着传媒业传统发展模式的失效：在个体力量被激活的"微粒化社会"，技术已经实现对社会和个体的高度精细化解析，以往大众传播媒介围绕平均值或普遍规律寻找"最大公约数"的分子级意义上的运作范式已无法应对这种原子级意义上的传播构造；在威权崩塌、意义丧失的网络社会，单向度传递公共信息的大众传播媒介正日益边缘化。传媒场域正经历着新力量主导的发展逻辑的升级迭代。

（一）生态格局：技术力量主导传统媒体的再媒介化

以互联网和智能算法为代表的数字媒介深刻改造社会整体传播结构的另一个侧面，是其对媒介场域自身的颠覆性重塑。如前文已经论及，互联网媒介和智能媒介重新连接一切（"旧"的媒介），是一种更高维度的媒介；这里的"旧媒介"其实是物质化视角下的泛媒介（包括货币、城市、音乐等），而不仅只是传统意义上工具论视角下的实体媒介组织（也就是媒体）。但为了更好地理解数字媒介带来的新传媒格局，我们先从数字媒介对传统理解中的传媒业主体——大众传播媒体的再媒介化（Remediation）谈起。

传统大众传播媒体是专业内容生产机构，对传播介质、传播渠道本身的管控帮助它垄断了信息，其工作几乎全部围绕着向公众提供特定信息展开，受众是信宿，是信息传播的终端消费者；然而在数字媒介赋能个体的泛众化传播时代，传统媒体对传播渠道的完全掌控已不复存在，于是传统

媒体为打通传播信息的"最后一公里",借助多种手段向新媒体平台拓展,或是入驻第三方社交媒体平台和信息聚合平台(如开通"两微"、头条号、快手号等),或是自建新媒体端口(开发新闻客户端),甚至尝试进行内容聚合(如央视频、人民号等),在这个意义上,传统媒体成了新媒体的内容生产商之一,新媒体成了传统媒体依赖的触达用户的"中介"。

还必须看到,数字媒体对传统媒体的冲击远不止对其信息传播的再中介,更重要的是,数字媒介带来的社会化信息生产和新权力机制直接稀释了传统媒体之于公众的必要性。具体地说,在数字化信息传播技术发展环境下,更多信息生产方式涌现——在社交媒介崛起之后,用户生产内容(UGC)和机构生产内容(OGC)在规模总量方面已经远远超过了专业媒体生产内容(PGC),而在不远的未来,通过数据挖掘和智能算法将生成海量的传感器信息,机器生产内容(MGC)的海量涌现必然进一步稀释专业媒体生产内容(PGC)在社会内容生产总量的份额比例。而新的权力机制在瓦解传统权威的同时,也在形成新的权力中心——在关系网络中积累了大量关系资源的个体成为新的意见领袖。随着信息把关权从传统大众传播媒体转移到用户个体或者说作为用户需求代理人的算法,传统媒体要实现与公众的信息和意义的勾连已十分困难。于是在强调媒介是一种意义的空间的媒介观下,"当某种传统媒体已经永远排不到公众使用的前几种媒介端口时,那么虽然这个媒介的实体还在,但它已经不再是媒介,它只是一个功能错位的机构"[1]。

通过分析可以看出,真正发生在当前传播领域的媒介融合其实是新兴数字媒介对传统媒体的"收编",这场融合的主导力量是新兴数字媒介(以能够实现万物互联互通的人工智能互联网为代表),这带来了传媒业产业

---

[1] 胡翼青. 显现的实体抑或关系的隐喻:传播学媒介观的两条脉络[J]. 中国地质大学学报(社会科学版),2018(2).

边界的拓展与力量格局的变迁。社交媒体平台、新闻聚合平台、直播平台以及短视频平台等已成为信息生产消费最活跃的领域，技术平台方正成为传媒场域内占主导地位的关键行动者。最近讨论较多的"平台对新闻业的入侵""正在消失的传媒边界"等话题正是媒介场域再媒介化的明证。我们需要摆脱传媒业是传统媒体主导的大众传媒业的思维定式，不能简单地预设立场，即把技术力量视为传媒业的异己而局限地以传统媒体为框架思考传媒业发展方向，探讨媒介融合路径，更不能自我陶醉式地仍把传统媒体认定为当今社会的主流媒体——只有实事求是地认识到传统媒体在这场传媒业变革中的实际地位，才有可能真正把握传播业的价值实现方式的转变，真正洞察传统媒体应该以怎样新的发展逻辑应对未来传播。

（二）价值重心：强调关系连接的新逻辑取代强调信息生产的旧逻辑

进一步地说，数字技术引发的媒介场域重塑，其实不仅是传媒业生态格局的改变，更深刻的是传统媒体再媒介化中所展示的传媒业价值重心的转移。借用制度主义媒介化研究视角的制度分析方法来理解，这是新媒介逻辑对传统媒介逻辑的迭代。虽然媒介因为技术基础的不同而存在逻辑的差异，但正如前文所分析，大众传播媒介运作方式的共性在于将受众视为面目模糊的大众，是一种强调生产传递公共信息的单向逻辑。与之对比，以互联网媒介和智能媒介为代表的数字媒介是一种网络化逻辑，强调的不再是直接的内容生产，而是在将信息生产发布权赋能给每个个体和整个社会后，通过广泛地连接与再连接来创造广泛价值，创造更多功能。

从这个意义上看，传媒业已不仅是公共信息的提供者，它是深度媒介化社会中整个社会关系的建构者，基于关系建构与创造价值和功能，成为社会生活的组织者。实践中，以互联网与智能算法为代表的数字媒介已然成为社会生活的基础设施，媒介开始成为社会政治要素、经济要素、文化要素的激活者、连接者和整合者，是社会架构的运行和组织者；展望未来，数字时代将进一步促进社会的"线下"生活向"线上"生活转移，并促使"线上"生活日益丰富化、主流化[1]；通过关系网络重新整合构建起来的新业态，将逐渐成为新生活构建的基本逻辑、基本方向。所以，传播和媒体在未来的社会生活当中，要处理的并不仅仅是内容，更大程度上要进入社会生活要素重新构造的方方面面，在开放条件之下进行社会关系的激活、连接和整合，要处理的是连接的实现或者说关系的建立。

这意味着，对传统媒体来说，虽然专业媒体内容生产所占有的那一点点"领地"依然很重要，但已很难成为安放媒体功能和价值的立足点。目前传统媒体仍大多遵循传统的发展逻辑，以"小融合"的思路来探索未来发展路径，即在自己可以掌控的媒体资源内部进行矩阵式整合，以期获得"1+1＞2"的结构效应。但通过对新闻业融合实践进行分析后可以发现，"以内部自建方式开展的媒介拓展是新闻组织最常见且不成功的新闻融合策略"[2]。传统媒体必须适应数字媒介逻辑所强调的开放和连接，即以开放的逻辑，对于形形色色的正直的、商业的、文化的和个体的资源进行新的连接与再连接，探索与外界的互补资源进行融合的"大融合"模式[3]。举例来看，在当前的县级融媒体中心建设中，对县级融媒体中心角色功能的定位便是复合的，强调不仅要引导群众还要服务群众，要建成主流舆论阵地、综合服务平台、社区信息枢纽；显然，要实现这个功能目标，县级融媒体中心必须进行相应的地域资源、行业资源的聚集和重构，围绕老百

---

[1] 喻国明.数字时代传媒发展的机遇和要义[J].新闻与写作，2019（3）.

[2] 王辰瑶.新闻融合的创新困境——对中外77个新闻业融合案例研究的再考察[J].南京社会科学，2018（11）.

[3] 喻国明.媒体融合：要"下一盘很大的棋"[J].新闻界,2020（9）.

姓、各种基层组织以及各个商业企业的所需所急所盼所要，提供一种在这种半径范围之内满足需求的解决方案，使他们在这个平台上实现需求的满足和价值的实现，如此在这个平台上主流意识形态宣发的传播性任务的实现才会顺理成章。中共中央办公厅、国务院办公厅印发的《关于加快推进媒体深度融合发展的意见》指出，要探索建立"新闻＋政务服务商务"的运营模式；媒体融合平台的建设需要有更多资源的协同和调度。

（三）实践操作的核心资源：用好"新内容"与大数据

通过上文分析可知，在深度媒介化带来的微粒化网络社会中，传播与权力同构，建立节点间的连接、积累关系资源已成为重要的权力来源，也正是基于这样的社会现实，被数字媒介重构的传媒场域的价值立足点已从专业内容生产转移到社会关系建构。那么，对传媒业而言，该如何在社会结构日趋离散的微粒化网络社会中有效实现连接的建立和关系的积累呢？这就离不开"新内容"与大数据。

一方面，利用"新一代内容"的传播为激活和形成圈层、社群与社区提供最为关键性的底层关系资源。虽然直接的专业内容生产已不足以构成传媒业的价值重心，但这并不意味着传媒业已完全抛开内容，在新的传播图景下，内容依然是传媒业无法回避的基础要素与战略资源。只是，新媒介场域中的内容已升级迭代为"新一代内容"，不仅内容供给数量极大增加，而且内容的表达主体、传播形式、借助的介质与渠道以及产出的效果（从宏观到微观，从行为到心理，从社会性的连接到个体的内省与自觉等）都极为丰富——全程媒体、全息媒体、全员媒体、全效媒体即是对这种内容现状的概括。必须看到，被重新定义的内容已不再仅仅是边界清晰的、一向由社会精英把控的信息内容，还包括那些理性逻辑性几乎为零的作为关系表达的内容和作为媒介功能的内容，也就是说，内容已经成为人人参与其中、渗透到"社会—个体"所有层面的"社会黏合剂"[1]。举例来看，不同于抖音所致力于的"做出好内容"，即把好内容通过算法、用户洞察，经过"大浪淘沙"推荐给用户；快手的流量分配逻辑和算法运作目标，不是或主要不是推出"好内容"，而是以内容为媒，激活每个账号参与者的主体意识，让他们产生归属感——快手对任何一个发布内容的人都分配至少 300+ 的流量，这个流量分配背后的算法逻辑是，根据用户之间地域、年龄、职业、趣味等社会属性的相关性，将他们彼此关联，以内容为媒介，在观看点赞评论与转发中，逐渐形成越来越强的强关系连接和以用户某种特质为连接点的社群关系[2]。这就是典型的用内容做关系，而不是简单地仅关注内容本身。

另一方面，利用数据和算法形成对用户、市场以及渠道场景等多方洞察，并给予相关的动力配置。万物互联和全时在线的结果之一，就是无所不在的传感器生成海量数据。无论是市场洞察、用户洞察，还是内容供给侧（内容资源、内容产品及生产主体）洞察，以及对于渠道和场景的描述与分析，数据无处不在，且发挥着描述、分析、控制和预测的全面性功用，在意义上，数据资源已成为传媒业关键性的资源和能量。因此，正如快手所展现的，掌握数据资源及数据的价值挖掘能力、人工智能的应用模式同样对实现关系连接至关重要。

但也需注意到，在网络社会这个扁平化分布式的社会，社会以圈层化的方式存在和发展，实现圈层和圈层之间的横向连接和沟通可能并不那么简单。作为关系表达的内容已初步展现了内容引发关系认同和情感共鸣的

---

[1] 喻国明，耿晓梦.未来传播视野下内容范式的三个价值维度——对于传播学一个元概念的探析 [J]. 新闻大学，2020（3）.
[2] 喻国明.如何在充满不确定性的传播场域中寻求有效的发展——在《中国互联网广告数据报告（2020）》发布会上的主旨演讲 [J]. 新闻界，2021（1）.

宽度价值，这种非信息类的关系表达对于传播效果的达成、主流话语表达的影响越来越大，甚至有超过事实表达和理性表达功效的趋势。曾被质疑为是一种套路的"秀"其实就是作为关系表达的内容，它用情感共振、关系认同的方式和手段争取"圈外人"理解，以便在此基础上形成社会沟通，进而达成社会共识。当然，诉诸于情感内容只是打破圈层可借用的手段之一，传媒业还需进一步研究如何"破圈"，以真正实现横向关系资源的有效利用。

第八章
数字时代网络社会的"再组织化"与治理模式的转型

【章节导读】

在技术和资本双重因素的驱动下,技术变革、网络化传播为网络社会带来新的增量之时,也日益促使社会不同层面去组织化,如何增强网络社会的可控性,使其"再组织化",以增强网络社会的可控性,已成为网络社会治理面临的新的重大议题。本书从历史维度着眼,梳理并总结了从传统媒体到网络社会的治理模式演进逻辑与转型范式,即传统媒体背景下的"一元"控制范式、社会转型期的"二元"规制范式、5G网络社会的自组织范式与多元共治。在深刻认识数字时代传播模式变迁的基础上,研究技术变革对网络社会组织方式的再造,通过对去组织化风险的研究,对自组织模型的建立,探讨再组织化治理的可能,并努力建立可应用、可预判的网络社会治理模型与评估体系。本书突破了既往仅仅将技术与政府规制作为"外界的特定干预"的治理要素这一有限视野,通过引入"他组织"概念,建构起技术、资本与政府规制三者之间的协同"他组织"群,全新演绎了技术、资本与政府规制的动态博弈,进而以更富建设性的视野重构了网络社会治理的多元共治范式。

第八章 数字时代网络社会的"再组织化"与治理模式的转型

在信息技术的驱动下，网络空间的虚拟化、信息的碎片化、知识下移以及个人赋能带来了网络空间的众生喧哗，促使社会不同层面日益去组织化，乌合之众的个人微粒化，封闭圈层的群体极化，尤其是媒介的去中心化更令"后真相"及舆情反转轮番上演。可以说，在新闻传播的视阈中，技术变革、在网络化传播为网络社会带来新的增量之时，如何规避风险以增强网络社会的可控性，已成为网络社会治理面临的新的重大议题。

本章旨在深刻认识数字时代传播模式变迁的基础上，研究技术变革对网络社会组织方式的再造，通过对去组织化风险的研究，对自组织模型的建立，探讨再组织化治理的可能，并努力建立可应用、可预判的网络社会治理模型与评估体系。

一、网络社会治理的基本概念与研究框架

（一）网络社会治理的基本概念

1. 网络舆情治理

随着网络技术的普及并在日常应用场景中的不断衍生，网络舆情的相关研究自 2009 年起数量逐年上升，并在 2015 年及此后维持在一定水平，热度居高不下。研究普遍认为网络舆情是把双刃剑，政府必须在网络空间的治理过程中重视网络舆情。目前，我国处于社会转型期，网络空间中的新媒体为公众提供了意见表达和情绪宣泄的渠道[1]。网民与政府作为网络协商民主大系统里的主客体要素，分别扮演着网络合理诉求表达主导者和

---

[1] 张勤（2014）.网络舆情的生态治理与政府信任重塑[J].中国行政管理，（4）:40-44.

网络协商民主制度化建设者角色[1]。但受到网络信息的传播机制和舆论本身的非理性因素影响，普通的网络事件往往会演化为网络舆情事件，网络舆论的发展程度会受到事件的重要性、模糊性、敏感性和可到达性的影响[2]。负面的网络舆情事件会不断降低公众对政府的信任，削弱政府合法性的基础，同时也会损毁政府公信力，从整体上削弱政府的执政能力[3]。因此，在网络空间治理过程中，政府必须以开放的应对态度和便捷的技术支持去重新建构社会公共空间，通过智能化、信息化与融媒体助推传播提速[4]，解决民生问题，从而推进网络空间从无序向有序的转变[5]。

2. 平台媒体的特性及其治理

学界针对平台媒体的研究不在少数，但都集中于平台媒体内涵与外延的研究，有关平台媒体这一媒体形式的重大变革如何能够维持媒体的社会与政治层面的公共责任的研究意义重大但成果较少。有学者以平台媒体的公共性所涉及的基础设施、再现和互动三个维度为分析框架，发现平台媒体具有通过内容生产者与用户的网络接入的独特结构属性，因此应该成为互联网平台承担公共信息传播责任的规制力量[6]。

针对平台媒体的自身特性，研究者们提出了具有针对性的具体措施。

---

[1] 毕宏音，张丽红（2020）.舆情视角下我国网络协商民主的方式、困境及进路[J].电子政务，（8），25-36.

[2] 匡文波，周偲（2019）.论网络舆论风暴公式[J].国际新闻界，（12），131-153.

[3] 谢金林（2008）.网络空间政府舆论危机及其治理原则[J].社会科学，（11），28-35.

[4] 刘鹏飞（2020）.智能时代的舆情大数据分析和引导[J].青年记者，（7）:14-15.

[5] 韩舒立，张晨（2013）.网络舆情治理中的政府逻辑：困境与重塑[J].电子政务，（5），15-22.

[6] 张韵（2018）.网络中立：平台型媒体的传播公共性[J].学术界，（8），168-177.

为解决相关问题，吕鹏、王明漩依据多利益攸关方治理模式，提出禁令与引导性手段同步的创新治理、建立行业组织和促进治理多中心化的关系治理，以及政府立规与行业依规的依法治理三种模式并行的举措[1]。以自媒体为例，现有自媒体治理难以形成系统全面的硬法体系，有学者强调自媒体治理中的软法之治，提出赋予软法一定的惩罚力、推进软法治理的司法化衔接、建立软法运行的监管体系等手段来促进软硬法协同治理的可行性[2]。

随着主流媒体式微、平台媒体崛起、媒体融合的推进等，关于主流媒体与平台媒体之间话语权的争夺和归属问题，也是平台媒体治理中的话题。有学者强调国家层面要多管齐下，加强对垄断性互联网平台的治理，主流媒体要嵌入平台媒体，通过版权保护、利用好自身掌握的数据资源、重建评估体系等重获互联网时代的传播主导权[3]。在复杂的互联网生态下，以政府为主导、传播平台为中心、公众共同参与的多元治理模式势在必行，而平台媒体的治理要因性制宜，多方协调，共同治理，并处理好各利益方之间的关系。

3."圈层"与"破圈"

由于平台媒体结构与信息分发的特性，固定的平台"圈层"极易形成。"圈层"这个概念来自于地质学，后来引入到经济学、社会学和人类学等人类社会学领域，成为阐释工业生产布局、城乡结构、社会文化等问题的基础概念[4]。"圈层"在人文领域"特指人类社会中的分类化动态场

---

[1] 吕鹏，王明漩（2018）.短视频平台的互联网治理：问题及对策[J].新闻记者，（3），74-78.

[2] 刘宁（2018）.自媒体治理的软法路径[J].荆楚学刊，（6），57-62.

[3] 喻国明，李彪（2021）.互联网平台的特性、本质、价值与"越界"的社会治理[J].全球传媒学刊，1-16.

[4] 彭兰（2019）.网络的圈子化：关系，文化，技术维度下的类聚与群分[J].编辑之友，（11），7-14.

域"[1]，传播学视域下的"圈层"具有以下表征：传播空间圈层化、传播结构圈层化和传播信息圈层化[2]。目前从传播学视域下针对"圈层"的研究主要有三种思路。

第一种现象类研究，以节目或平台为例研究圈层文化，此类研究多集中于某一固定垂直平台所形成的固定圈层。针对网络直播圈层的研究发现，垂直类网络直播形式在很大程度上提高了语言传播的交互性，以及现阶段传播方式的升级和优化[3]。针对二次元平台哔哩哔哩弹幕视频网（以下简称"B站"）的圈层研究以2019年B站跨年为例，在该过程中亚文化群体以趣缘聚集后，圈层产生了闭合性，创造了不同的文化符号、价值体系甚至文化系统[4]。有针对微信圈层的研究认为，话语霸权逐步消解；话语主导权更替和交换；信息实效性及传播效率凸显，内容针对性与个性化彰显[5]。

第二种是价值类研究，即研究社交媒体圈层化传播对人际关系与网络社会的再造。有学者认为，社交媒体的圈层传播以交往分享机制和关系黏度为驱动力，在传播过程中具有凝聚社会共识、参与社会治理的社会价值，释放了强大的社会影响力，以不可抵挡之势变革经济模式，构建社会

---

[1] 邓大才（2009）."圈层理论"与社会化小农——小农社会化的路径与动力研究[J].华中师范大学学报（人文社会科学版），（1），2-7.

[2] 刘明洋，李薇薇（2020）.社会集合，过渡媒介与文化形态——关于传播圈层的三个认知[J].现代传播（中国传媒大学学报），（11），154-159.

[3] 张智华，宋斌（2019）.论垂直类网络直播平台的兴起逻辑和圈层传播[J].现代传播（中国传媒大学学报），（9），89-93.

[4] 付晓光，林心可（2020）.圈层文化的大众化路径探析——bilibili2019年度跨年晚会分析[J].新闻与写作，（2），88-92.

[5] 陈伟，熊静（2016）.微信圈层中的思想政治教育话语权：表现境遇及提升路径[J].思想理论教育，（5），80-84.

政治及文化图景[1]。

第三种则是实践引导类研究,即探究跨圈层化的传播,即"破圈"。目前对于"破圈"的探讨多集中于亚文化圈层破圈的路径与引导。圈层的同质化程度与成员活跃度有关,跨圈层意见领袖能够帮助突破圈层障碍带来的"回音壁效应"[2]。B 站中的二次元亚文化与粉丝文化的互动满足一种螺旋式互动仪式链模式,即二次元符号和仪式的减少,不同成员因自身沉浸度不同,会对粉丝文化符号和仪式产生认知差异,导致群体出现态度分化。在这种分化差异下,部分新介入的符号、仪式以及部分群体成员会渐次退出互动过程,未退出的成员与符号仪式将继续参与这一循环过程,循环往复。针对该模型进行研究,可以通过明确原亚文化前提、利用原亚文化重要仪式和改变外部成员刻板印象来推动亚文化破圈,助力亚文化与主流文化互动[3]。

4. 网络社会的"自组织"

互联网作为一种信息技术,以传播工具、渠道、媒介、平台进化为基础性社会要素,在本质上改变了人与人连接的场景与方式,引起了社会网络关系、社会资源分配规则和权利分布格局的变化[4]。在网络社会不断发展的背景下,互联网从发展伊始就具有自组织特性,发展至今日,网络技术的应用使得网络空间具有了属于自身的文化、规则和生态环境,形成网络

---

[1] 史剑辉,靖鸣,朱燕(2019). 社交媒体互动圈层传播模式:驱动力及社会价值——基于社会热点事件的分析[J]. 新闻爱好者,(6),13-16.

[2] 汤景泰,陈秋怡(2020). 意见领袖的跨圈层传播与"回音室效应"——基于深度学习文本分类及社会网络分析的方法[J]. 现代传播(中国传媒大学学报),(5),25-33.

[3] 韩运荣,于印珠(2021). 网络亚文化视野下的 B 站"破圈之路"[J]. 社会科学,(4):181-192.

[4] 喻国明,马慧(2016). 互联网时代的新权力范式:"关系赋权"——"连接一切"场景下的社会关系的重组与权力格局的变迁[J]. 国际新闻界,(10),6-27.

社会，其自组织属性愈发明显[1]。而借助自组织理论能更进一步认识网络空间中分散主体间形成自组织的可行性和内在规律。

由于网络是各类社群聚合的主场域，在网络社会的自组织研究中，网络社群成了重要的研究对象。研究发现，在网络社群不断发展的过程中，基于微观个体对信息获取的需求，信息传播的主体、内容、渠道和效果都发生了巨大变化，人与人之间的关系纽带得以强化，形成了共建共生的具有拓展性和兼容性的生态系统[2]。在这种生态系统中，开放条件下的媒介学习实现了社群赋能赋权，作为系统整体的社群具有正负反馈，能够使得社群成员健康成长，非线性动力的协同合作使得网络奇观不断涌现，趣缘连接而形成的社群在互联网虚拟环境中自我适应，自我进化，最终形成了影响社会生活的重要力量[3]。

网络社会作为自组织系统现象，除了由个体汇聚成社群应该作为重要研究对象外，社会化媒体平台在网络社会中也扮演着重要角色。在网络社会中，网络用户会出现明显的群聚现象，自组织程度较高，处于网络中心位置的社会化媒体平台在其中发挥着重要作用[4]。有研究者从自适控制的角度实施平台媒体共同治理、以平台媒体 DNA 建构平台媒体生态系统以及赋予平台媒体文化价值内涵是平台媒体复杂适应性自组织系统构建与优化的关键切入点[5]。还有学者提出针对网络自组织属性的关系治理模式，并从

---

[1] 彭兰（2017）．自组织与网络治理理论视角下的互联网治理［J］．社会科学战线，（4），168-175．

[2] 张岩，韩复龄（2018）．基于自组织理论的网络社群知识传播研究［J］．情报科学，（7），98-103．

[3] 喻国明，石韦颖，李晓旭（2019）．网络时代粉丝群的形成与衍化机制初探——以自组织理论为视角的分析［J］．青年记者，（13），37-40．

[4] 李林红，李荣荣（2013）．新浪微博社会网络的自组织行为研究［J］．统计与信息论坛，（1），88-94．

[5] 权玺（2017）．平台媒体：构建平台化的自组织在线社会信息传播系统［J］．当代传播，（6），90-93．

诚、度、和三个方面提出了关系治理机制运行的建议[1]。

社会化媒体超越了以往聚合平台，特殊的信息控制和传播机制改变了组织的机制和策略，从而影响了公民日常生活和当下政治生态。因此也有学者提出，虽然社会化媒体改变了内容生产、内容管理和内容分发的流程和规制，形成了新的信息传播模式，但也存在技术的偏见，社会化媒体的算法缺陷和不透明性使得我们需要对社会化媒体保持警惕，互联网平台也应该承担起相应的社会责任，从而推动社会化媒体的健康发展[2]。

5."再组织化"研究

"再组织化"一词来源于政治学，在中国社会巨大变迁的背景下，"社会再组织"已经成为政治学研究重点。社会的组织化是一个社会中的不同群体基于特定的目标而组织起来，并通过组织的形式解决社会问题或创造社会福利的过程；"再组织化"（Reorganization）的过程，是在社会发展环境变化下社会的重新组织化的过程[3]。在社会整体变革的大趋势下，新闻传播行业也受到影响，由于互联网作用下传统媒体组织化的内容生产面临挑战，互联网带来的新的信息技术范式极其富有弹性，并且具有重构组织的能力[4]。因此，随着新媒体平台对分散个体的专业重塑及组织化管理，其内容生产呈现可"再组织化"的趋势[5]。

---

[1] 胡国栋，罗章保（2017）.中国本土网络组织的关系治理机制——基于自组织的视角[J].中南财经政法大学学报，（4），127-139.

[2] 权玺（2017）.平台媒体：构建平台化的自组织在线社会信息传播系统[J].当代传播，（6），90-93.

[3] 胡重明（2013）.再组织化与中国社会管理创新——以浙江舟山"网格化管理、组团式服务"为例[J].公共管理学报，（1），63-70.

[4] 曼纽尔·卡斯特（2001）.网络社会的崛起[M].夏铸九，等译.北京：社会科学文献出版社.

[5] 黄伟迪（2017）.再组织化：新媒体内容的生产实践[J].现代传播（中国传媒大学学报），39（11）：117-121.

在新闻传播领域针对"再组织化"的研究不同于政治学的途径与意义研究，而是较为集中于"再组织化"的实践生产研究，即研究"再组织化"对于新闻传播领域媒体形态的作用，具体来说，传统组织化新闻生产逐渐演变成"协作性新闻策展"，这一新闻生产模式的特点在于生产过程的去组织化、去科层化以及开放、多节点、动态的个体化实践[1]。

正是在这种互联网媒介技术驱动的环境下，新闻媒体行业"再组织化"，社会化传播途径使新闻传播行业发生了深刻的变革，即出现了"平台型媒体"。因此，可以说自组织与再组织化是平台媒体的重要属性和演化逻辑。

6. 自组织模型研究

系统科学中把结构有序的系统称为组织，而该系统如果在获得空间的、时间的和功能的结构过程中，没有外界的特定干预，便将系统定义为是自组织的[2]，自组织理论源于20世纪60年代末期发展起来的系统理论。该理论以复杂自组织系统的形成和发展机制为主要研究对象，即研究在一定条件下，独立的系统是如何从无序转为有序，由低级升为高级的[3]。

自组织理论的建立，直接推动了对"复杂性问题"研究的发展，自21世纪以来，来自不同国家、不同地区的科学研究工作者对复杂性问题进行了深入研究，侧面促进了自组织理论的发展，使自组织理论从概念、体系、理论基础等方面都得到了拓展，使自组织理论不再拘泥于特定的领域。从动力学上讲非线性科学的发展使自组织的概念随之被扩展了，自组织不再是传统意义上以周期结构为特征的形式，随着混沌理论、分形理论

---

[1] 陆晔，周睿鸣（2016）."液态"的新闻业：新传播形态与新闻专业主义再思考——以澎湃新闻"东方之星"长江沉船事故报道为个案 [J]. 新闻与传播研究，（7），24-46.

[2] 赫尔曼·哈肯（1988）. 信息与自组织 [M]. 成都：四川教育出版社.

[3] 肖冬平，顾新（2009）. 基于自组织理论的知识网络结构演化研究 [J]. 科技进步与对策，（19），168-172.

的相继问世，让大家开始更加关注系统中更一般、更复杂的自组织形态[1]。

自组织过程必定是一种动态过程，自组织的描述方法是以动力学方程作为数学模型。随着自组织研究层次的深化和拓展，自组织研究对象已经逐步多样化，对复杂性问题的研究更使自组织理论从物理化学学科向医学、农学、气象学、地质学、生物学等学科系统发展[2]。在社会科学领域，孙秋柏等[3]将数据挖掘技术和自组织系统理论相结合，研究了群体性事件网络化防控。

总之，从现有文献可见，目前关于网络社会治理的研究重点着眼于舆情治理、平台治理和"破圈"，未见自组织理论应用于数字时代网络社会治理的系统模型研究，但既有网络平台属性研究、网络平台生态的研究已经触及自组织理论及再组织理论，这为后续研究提供了难得的研究基础。

（二）网络社会治理的研究框架

基于上述研究基础，本章拟通过系统论的自组织与他组织原理研究网络社会治理的核心问题：网络社会治理的转型路径，即网络社会的自组织演化与再组织化的多元共治范式。网络社会治理的研究框架如图 8-1 所示。

在上述框架中，对于网络社会的治理，拟通过如下研究路径来解决关键性问题。

---

[1] 付锦蓉（2016）.大数据环境下的知识自组织模型研究.博士学位论文.哈尔滨：黑龙江大学.
[2] 刘海猛，石培基，杨雪梅，等.人水系统的自组织演化模拟与实证[J].自然资源学报，2014(4): 709-718.
[3] 孙秋柏，陈雪波，黄天云（2016）.基于大数据群体性事件网络化防控研究[J].辽宁科技大学学报，（4），311-320.

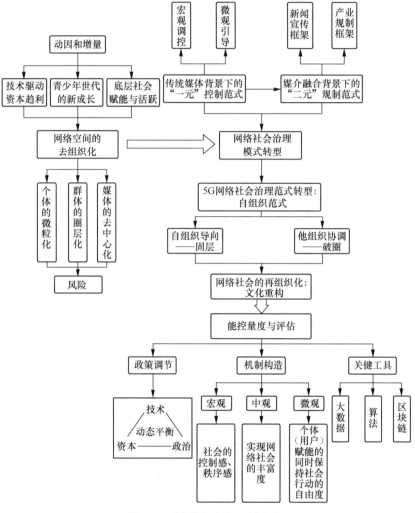

图 8-1 网络社会治理的研究框架

其一：网络社会治理的"去组织"与"再组织"的演化逻辑。

其二：网络社会"自组织"变迁与"他组织"协同机制。

其三：网络社会"自组织"圈层建模算法。

其四：网络社会"再组织化"治理的评估。

二、网络社会治理模式的演进逻辑与转型范式

在技术和资本双重因素的驱动下,不仅媒介的自身特征在变化,媒介的社会功能也发生演化。随着网络平台的崛起,传统媒介日益走向去中心化,其既有的社会控制功能大大减弱。可以说,面临社会的日益"去组织化",如何增强网络社会的可控性,使其"再组织化",已成为网络社会治理新的重大议题。

1. 传统媒体背景下的"一元"控制范式

传统媒介社会,在党报单一体制下,政治因素当仁不让占主导地位,因此媒介发挥了重要的社会控制功能。新闻舆论控制"主要指国家和政党利用法律、行政、物资以及新闻宣传纪律等手段对新闻信息传播的流向与流量进行强制性的管理与约束"[1]。因此,对媒介本身的规范宏观上主要采取新闻政策、新闻体制、行政条例和行业自律的方式,微观上主要采取典型带路、舆论引导的方式。总体来说,这是一种"一元"的刚性信息控制范式。一元多层的刚性控制,一元报业结构,新闻事业被一概称为党的新闻事业,并在组织上隶属于党的某一级组织,成为一律"官办"的机关报。

"一元"控制范式在我国新闻媒介发展中约经历了三个阶段。

单一机关报形式(20 世纪 50 年代中期至 80 年代初),基本特征:高度集中、统一的国有新闻事业。以行政权力配置媒介资源:媒体结构与国家行政等级相同,按中央、省、地(市)、县四级办报、办台;媒体批准建立权从属于相应各级党政机关,并与之始终保持行政隶属关系,接受其领导;媒体品种相对单一,基本上只有非营利的宣传性的党报、电台、电视台。局部地域上也大致形成一报(党报)两台(一家电台、一家电视台),

---

[1] 童兵(2000). 理论新闻传播导论 [M]. 北京:中国传媒大学出版社.

不存在竞争。

单一机关报与相对竞争并存阶段（20 世纪 80 年代初至 90 年代中期），进入 20 世纪 80 年代，有所松动和改观，但总体格局形成了党和政府双轨制管理、双重领导、分级管理体系。

从相对竞争向市场竞争过渡阶段（20 世纪 90 年代中期至今），实现了我国媒介从回避竞争到展开竞争再到走向规范竞争的历史变迁。1992 年党的十四大明确建立社会主义市场经济体制的改革目标，我国进入全面经济体制转轨时期，这为媒介走向市场奠定了体制基础。此后十余年间，我国媒体数量呈爆炸式增长。

2. 社会转型期的"二元"规制范式

在社会转型期的市场经济运行模式下，资本的驱动性逐渐显现，媒介体制走向了二元化分野。

2000 年 10 月，中共十五届五中全会通过的《中共中央关于制定国民经济和社会发展第十个五年计划的建议》，第一次在中央正式文件里提出"文化产业"这一概念，要求完善文化产业政策，加强文化市场建设和管理，推动有关文化产业发展。文件的出台标志着我国对于文化产业的承认和对其地位的认可。2002 年 11 月，党的十六大报告首次提出"积极发展文化事业和文化产业"，并厘清了两者之间的关系，"根据社会主义精神文明建设的特点和规律，适应社会主义市场经济发展的要求，推进文化体制改革"。2009 年 9 月，我国第一部文化产业专项规划——《文化产业振兴规划》由国务院常务会议审议通过。这是继钢铁、汽车、纺织等十大产业振兴规划后出台的又一重要产业振兴规划，标志着文化产业已上升为国家战略性产业。

经过文化体制改革，媒介开始沿着新闻宣传框架和文化产业框架双轨运行，媒介的社会功能就不再仅仅是控制功能，随着媒介产业属性的确立，媒介本身也成为社会经济发展的重要增量。2009年9月，国务院发布《文化产业振兴规划》，提出支持有条件的文化企业进入主板、创业板上市融资，鼓励已上市文化企业通过公开增发、定向增发等再融资方式进行并购和重组，迅速做大做强。支持符合条件的文化企业发行企业债券。

也就是说，传媒本身也成为社会规范的对象。简单刚性的一元化信息控制模式显然不合时宜，此时，新闻宣传框架和文化产业框架的二元规制模式应运而生。

3. 网络社会治理范式的转型

进入网络社会，技术显现出势不可挡的驱动力，媒介融合催生了平台经济与网络社群，人们的注意力资源越来越多地汇集在网络空间。网络社会变迁的图景、增量与去组织化风险日益显现，主流媒介的一元化中心地位一去不返；随着媒介走向"去中心化"，其社会控制功能已大大减弱。当前，在网络技术的驱动以及信息空间多元化的前提下，接触信息的门槛降低，知识下移给底层社会赋能，令其释放出前所未有的活力，尤其青少年在网络空间中衍生出更多样化的、崭新的亚文化类型及文化"圈层"。

在资本的裹挟下以及对社交媒体深度使用，一股又一股青年亚文化风潮被掀起，有时甚至以舆情事件的爆发为表征，呈现向多领域扩张以及加速分化的趋势。这种碰撞有时是圈层内部的，如饭圈之争；有时是不同圈层之间的，如近年影响较大的青年亚文化舆情"肖战事件"，就是由粉丝文化与同人文化之间的冲突不断升级而引发的舆论热议。这一事件裹挟了许多非粉丝或同人爱好者的网络群体参与，产生了上百个占据新浪微博热搜榜的话题，累积点击量超8亿次。

事实上，网络空间的虚拟化、信息的碎片化、知识下移以及个人赋能带来网络的众声喧哗，也日益促使社会不同层面去组织化：乌合之众的个人微粒化，封闭圈层的群体极化。与此同时，在网络虚拟空间，在网络行动者的互动与联结中，亚文化"圈层"层出不穷，社会板结化的趋势日益显现。在网络空间日益迸射活力的同时，网络矛盾和冲突也以全新的面目呈现。尤其，媒介的去中心化更令"后真相"抑或舆情反转轮番上演。

可以说，网络社会治理范式正面临着转型。在二元规制模式的基础上，一方面，政治控制功能占主导的一元媒介信息控制模式开始转型为信息前馈的舆情治理模式；另一方面，在数字化的媒介融合的背景下，二元规制模式下的平台治理日益显现自组织特征。

网络社会的去组织化极易带来社会某种程度的板结化。其风险就在于，不同青少年亚文化群体由于异质性以及反抗性在互动过程中难免会出现矛盾冲突，甚至可能引发网络社区整体氛围的敌对，出现网络暴力等危害网络生态的行为。这就增大了社会的不确定性和不可控性，而不确定性和不可控性就意味着社会可能的风险性。

三、网络社会治理转型的理论阐释：自组织范式与多元共治

（一）自组织范式

如果说，传统媒体环境下，对社会舆论场的治理往往以对媒介本身的引导、调控及规制为要义，而今当更多人的注意力汇集在网络虚拟空间之时，对网络社会的治理，甚或说对网络社区里层出不穷的文化"圈层"的治理，就成为数字时代社会治理面临的重大议题。具体来说，以网络平台为中心的网络社群文化"圈层"的形成、破圈以及文化重构，不仅体现了网络社会治理转型的自组织特征，同时也体现了网络社会的再组织化过程。

1. 自组织导向的"圈层"形成：平台用户导向与"圈层"规则构建

自组织理论的开放性原理表明，一个与环境没有任何交换的封闭系统不可能出现自组织系统，对环境开放即与外界进行物质、能量、信息交换的系统才可能产生自组织运动[1]。

在媒介融合及移动互联的加持下，网络平台经济获得了长足发展，在用户导向的前提下快速培育了不同兴趣、爱好及诉求的用户群落及亚文化网络社区，并在内容、形式与用户互动方面形成了独特的运行模式。

自组织的突现原理显示，一种自行组织起来的结构、模式、形态，或者它们所呈现的特性、行为、功能，不是系统的构成成分所固有的，而是组织的产物、组织的效应，是通过众多组分相互作用而在整体上（涌现）出来的，是由组分自下而上自发产生的。自下而上式、自发性、突显性是自组织必备和重要的特征。

网络平台上的用户群落在不断互动与交往中形成了诸多"圈层"，这种趣缘性的文化圈层在演化过程中呈现自组织特征。其主体往往以青少年为主，具有排他性和反抗性的亚文化特征。例如，"B 站"作为国内大型二次元网络文化社区，以其年轻化与高黏性的受众群体，通过 UGC 式内容提供、独特的弹幕文化，曾一度稳定地维持着"B 站"极强的二次元亚文化社区属性，营造了封闭自足的亚文化圈子。

2. 他组织介入的协调"破圈"：互动、冲突与磨合

网络平台上的这种趣缘文化圈层互动不仅包括圈层内部的群体以及符号互动，同时与圈层外的互动会也逐渐增多，导致原本的封闭的圈层被打破。由于网络空间的虚拟性以及匿名性，各亚文化群体借助新媒介手段在突破原有的文化圈层时，往往引发不同亚文化群体之间的冲突。自组织理

---

[1] 苗东升（1998）. 系统科学精要 [M] . 北京：中国人民大学出版社 .

论中的不稳定原理表明，新结构的出现要以原有结构失去稳定性为前提，或者以破坏系统与环境的稳定平衡为前提。自组织是稳定性与不稳定性的统一。

正如 B 站，在资本的驱动下通过引入粉丝文化，使既有二次元文化受到冲击。两种文化以螺旋互动仪式链的方式反复磨合，最终实现了二次元亚文化"破圈"[1]。也就是说，"外界的特定干预"不可避免，"破圈"呈现了"他组织"作用。

3. 再组织的文化重构：新结构与新系统

"破圈"的实现也意味着某种新结构的产生，或者新系统的成长与运行；甚或突破封闭实现化开放。自组织的反馈原理显示，把现在的行为结果作为影响系统未来行为的原因，这种操作称为反馈。以现在的行为结果去加强未来的行为，是正反馈；以现在的行为结果去削弱未来的行为，是负反馈。新的结构、模式、形态在开始时总是弱小的，需要靠系统的自我放大（自我激励）机制才能生长、壮大。这就是正反馈机制。但新结果不能一直生长下去，到一定程度就应稳定下来，不再增加规模，即系统应有自我抑制（自我衰减）机制。这就是负反馈机制。正反馈与负反馈适当结合起来，才能实现系统的自我组织。

"破圈"后的 B 站，由于其网络社区的发展更具开放性和多元化特征，为青少年亚文化群体的交流与互动带来了更大的便利，同时突破时空限制的互动方式为小众的亚文化群体提供了更多强化群体身份认同的途径。与此同时，在更多资源与互动的可能性的前提下，汇聚在新系统下的趣缘群落正走向新的文化重构。

---

[1] 韩运荣，于印珠（2021）.网络亚文化视野下的 B 站"破圈"之路 [J].社会科学，（4）:181-192.

（二）多元共治

从网络文化"圈层"的形成、"破圈",再到文化重构,是网络社会再组织的进程,期间不仅体现着网络社会治理的"自组织"特征,也体现着"他组织"不可或缺的力量。

事实上,这股"他组织"力量以技术、资本与政府规制之间的博弈方式浮出水面。技术的应用,既能发挥驱动作用,又能成为规制力量;资本既能激发网络平台的增长,也能给网络的形成带来负利;政府政策既可以给网络平台带来红利,也可以通过规制抑制网络社会的野蛮生长。因此,技术、资本与政府规制三股力量,作为网络平台社会的自组织系统之外的"他组织群",既都具有增量的功能,也都具规制性功能。那么,在数字时代网络社会治理转型中,技术、资本与政府规制之间的博弈将会产生合作与竞争的协同力量,实现对网络社会的多元共治。(见图 8-2)

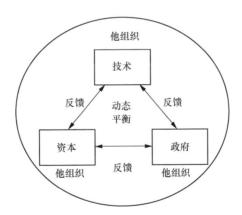

图 8-2　网络社会治理中的多元共治他组织群示意图

合作与竞争本质上是非线性的。自组织的非线性原理显示,满足叠加原理的线性系统无法产生整体突现性,整体突现性是系统组成部分之间、系统与环境之间非线性相互作用的产物,是典型的非线性效应。组分之间的相互作用大体分为合作和竞争两种形式,都是系统产生自组织行为的动力。

只有技术、资本与政治之间的博弈达成动态平衡，才能实现网络社会的多元共治，其协同与否就在于再组织化的网络社会机制，宏观上是否体现社会的控制感、秩序感，中观上是否实现网络社会联接的丰富度，微观上个体（用户）赋能的同时是否保持社会行动的自由度。

四、数字时代网络社会"自组织"与"再组织"演化与评估模型

自组织过程必定是一种动态过程。自组织的描述方法以动力学方程作为数学模型。根据系统论的原理，能控性是指控制作用对系统行为状态影响能力的一种度量[1]。基于此，在构建网络社会治理范式转型的研究中，对网络社会再组织的实现结果的评估也必不可少。针对数字时代网络社会治理的自组织范式的"演化与评估"模型开展探索，需提出数字时代网络社会治理新型系统结构。该系统主要包括三部分建模：首先，网络圈层自组织建模；其次，以技术、资本、政府为主要代表的网络圈层他组织建模；最后，多元共治下的网络社会再组织化评估建模。（见图8-3）

1. 网络圈层自组织模型的算法分析

复杂系统的基本特点是系统中包含大量的基本单元，且随着时间的演化发展，在更高的层次上不断涌现新的结构和功能，而自组织理论便是研究复杂系统的一个有力工具。目前该理论未形成一套完善的规范体系，一般我们把耗散结构理论、协同学、超循环理论等统称为自组织理论。它揭示了各种远离平衡的非线性复杂系统和现象从无序到有序转变的共同规律，提供了观察和分析系统形成和发展的机制，极大地丰富和发展了现代系统演化理论。

---

[1] 苗东升（1998）.系统科学精要[M].北京：中国人民大学出版社.

第八章 // 数字时代网络社会的"再组织化"与治理模式的转型

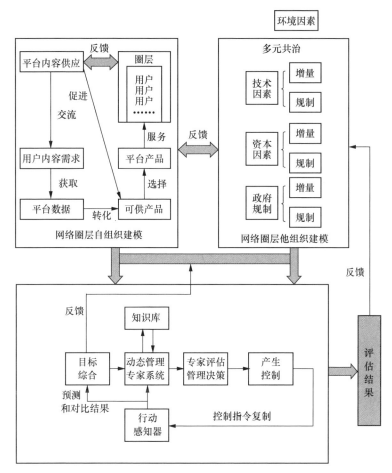

图 8-3 "三元"治理下的网络社会再组织化评估建模

自组织方法是基于数学归纳的建模方法，它能够在有关研究对象最少先验信息的条件下，按照设计者构造的指标集，通过多步的选择从含有噪声的观测数据中自动获得具有最优复杂度的对象模型。针对数字时代网络社会治理问题，人工智能自组织模型通过特殊的方式划分观测样本、针对具体的任务构造专门的指标集以及竞争机制，结合机器学习等人工智能方法，可预测自组织控制对象未来的状态，并具有良好的噪声稳定性。所提出的新方法将比传统的插值建模方法和回归算法具有更好的预测能力,同时具有更高的智能性。网络圈层自组织算法的基本流程如图 8-4 所示。

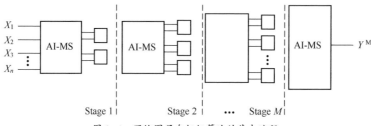

图 8-4 网络圈层自组织算法的基本流程

算法流程简要说明如下。

图中 X_1,X_2,X_3,…,X_n 代表竞争对象,在算法工作的起始阶段由设计者根据先验信息或者在对观测样本预处理的基础上给出;

AI-MS 为人工智能模型选择(Artificial Intelligence-Model Selection),采用正规化指标、最小偏移指标和模型简单度指标以及专门的指标。Stage1,Stage2,…,Stage M 代表模型复杂化环节,通过机器学习等人工智能方法,增加模型的复杂度,对各竞争对象进行交叉、组合,以产生新的过程模型;Y^M 代表经过 M 步阶段选择后形成的最优模型。

模型主要采用正规化指标和最小偏移指标检验。正规化指标 $\Delta^2(B)$ 基本反映了在检验样本上计算出的模型值与实际值偏差的均方误差:

$$\Delta^2(B) = \frac{\sum_{t \in N_B}(y_t^M - y_t)^2}{\sum_{t \in N} y_t^2} \to \min \qquad (1)$$

其中,y_t 代表原始数据样本值;y_t^M 代表模型计算值;N、N_B 代表全样本及检测样本。

最小偏移指标 $n^2(b)$ 反映了模型的同一性,主要是由模型 A 和模型 B

的偏差在全样本上计算出的均方值：

$$n^2(b) = \frac{\sum_{t \in N}(y_t^A - y_t^B)^2}{\sum_{t \in N} y_t^2} \to \min \qquad (2)$$

N_A、N_B 为样本中相同长度的两个子样本，由它们分别确定了模型 A 和模型 B，两个模型的输出及参数分别为 y_t^A、y_t^B 和 c_i^A、c_i^B。

根据自组织方法理论，通过不断增加模型复杂度，对竞争对象模型进行逐级组合和选择，可寻找最优复杂度数学模型。随着选择过程的展开，相应的指标值逐步衰减，并达到最小值，该最小值即对应获得的最优模型。传统自组织算法依靠庞大的选择过程来实现，特别是当采用竞争模型的完全组合来产生过程模型时，对计算资源的要求急剧增长。除此以外，为了达到一定的模型精度，对样本的长度也有相应的要求，采用基于大数据和机器学习的人工智能方法，实现模型复杂度的提高，与传统方法相比，不仅减少了计算资源，同时对样本长度方面不需要严格要求，在样本选择上具有更高的灵活性。

2. 网络社会治理再组织化评估的算法分析

理想的数字时代网络社会治理，既能促进网络社会蓬勃发展，又能保持其健康性和先进性。换句话说，网络圈层（如 B 站）等自组织结构，在他组织的影响下，将进一步演化，形成更高级、更复杂的自组织，这个过程也可称为再组织化。具体而言，再组织化演变过程是 B 站等网络社会事物从一种多样性统一形式转变到另一种多样性统一形式的过程；从一种复杂状态到另一种复杂状态的过渡。系统内各要素从一种有序向另一种有序转变，从低级有序向高级有序转变。自组织的途径包括状态变量的变化引起自组织和系统要素的质与量的变化引起自组织两种。在网络社会治理再组织化评估模型中含有目标综合模块，进行误差计算时，需含有线性项、非线性项以及三角函数项等。因此，构建算法时的相应趋势项应有线性趋势项、非线性趋势项、Demark 趋势项等。

（1）线性趋势项

$$\hat{Z}_i = k_i t_i + d_i \quad (3)$$

式中：$\hat{Z}_i$ 为预测值；k_i，d_i 为线性趋势项参数；i 为时间参数。

（2）非线性趋势项

$$\hat{Z}_i = A_i \sin(\omega t_i + P_i) + B_i \cos(\omega t_i + Q_i) \quad (4)$$

式中：$\hat{Z}_i$ 为预测值；A_i，B_i 为三角函数振幅；P_i，Q_i 为三角函数相位；i 为时间参数。

（3）Demark 趋势项

$$\hat{x}_i = \hat{x}_{i-1} + c_{i-1} \quad (5)$$

$$c_{i-1} = \sum_{k=1}^{2} \omega_k \hat{x}_k \quad (6)$$

式中：$\hat{x}_i$ 为 i 时刻预测值；c_i 为 Demark 趋势项；w_k 为趋势项权重值；$\hat{x}_k$ 为线性或非线性趋势项。

利用以上各种趋势项可对网络社会的再组织化进行评估。评估过程可借鉴"熵理论"，衡量再组织化系统的无序或混乱程度时可以用熵表示。

总熵变公式：$dS = d_iS + d_eS$，如图 8-5 所示。

图 8-5 中大圆表示再组织化后形成的更复杂的自组织，包含多个（N 个）网络圈层及多元共治他组织群（技术、资本、政府），相互作用，协调共存，保持开放性，与更广泛的外部环境进行信息交换。d_iS 是再组织化系统内部混乱性产生的熵，为非负量；d_eS 是再组织系统与外部环境相互作用交换来的熵，称为熵流。当总熵变 $dS < 0$ 时，系统获得的负熵大于正熵，表现为减熵过程，各子系统承载力增强，整体协同演进，表明网络社会治理趋于有序。

第八章 // 数字时代网络社会的"再组织化"与治理模式的转型 //

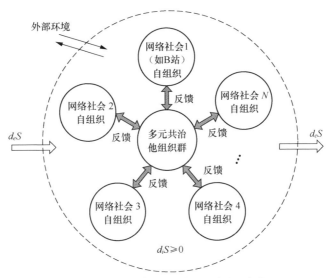

图 8-5 网络社会治理再组织化系统示意图

熵既是一个物理学概念，又是一个数学函数，也是一种自然法则。熵值不断增加的系统为退化系统，系统的混乱程度和无序程度随着熵值的增加而增加；熵值不断减少的系统为进化系统，系统的混乱程度和无序程度随着熵值的减少而减少。由于网络社会再组织化后的系统整体的有序度不仅取决于各个子系统内部的协同有序性，还取决于子系统之间的相互协调程度，即协同度的综合表现，因此，可以利用熵与系统有序程度的关系，用 Shannon 信息熵来评估再组系统的有序度，公式为：

$$E_s = -\sum_{k=1}^{3} \frac{1-\mu_i}{3} \ln \frac{1-\mu_i}{3} \tag{7}$$

$$R_s = 1 - \frac{E_s}{E_{\max}} \tag{8}$$

其中：E_S、R_S 分别为再组织化后系统的信息熵和有序度；μ_i 为子系统协同度；$E_{\max}=\ln 3$，为最大信息熵，意味着系统处于最混乱、最无序状态。再组织化系统的演化方向可良性发展，也可恶性发展。通过 R_S 值的动态变化可以识别再组织的演化发展方向：R_S 增大，系统整体向健康有序的方向演化；R_S 减小，系统整体向混乱无序的方向演化。为促使网络社会再组织化系统的自组织演化呈良性循环，一方面应积极合理地进行系统负熵流的输入，另一方面应协同控制各子系统序参量的量与质的变化，尽量减少系统内部正熵 d_iS 的产生，从而提高有序度 R_S，促进网络社会治理再组织化向和谐有序状态演化。

本章就如何构建数字时代网络治理的新型系统结构，提出构建网络圈层自组织与他组织的良性互动机制，再组织化，形成更复杂的自组织系统结构，包含多个（N 个）网络圈层及多元共治他组织群（技术、资本、政府），相互作用，协调共存，保持开放性。其理论创新在于，突破了既往仅仅将技术与政府规制作为"外界的特定干预"的治理要素这一有限视野，通过引入"他组织"概念，建构起技术、资本与政府规制三者之间的协同"他组织"群，全新演绎了技术、资本与政府规制的动态博弈，进而以更富建设性的视野重构了网络社会治理的多元共治范式。具体如下。

1. 提出了"去组织"与"再组织"的网络社会治理框架。聚焦于数字时代网络社会治理范式的转型，其研究框架摒弃了传统的传媒生态"二元"规制模式，超越了网络社会自组织特征的简单阐释，而将网络社会治理的目标和方向直接指向网络社会的"再组织化"，从更宏观视野、更深层次探索了网络社会自组织范式的演化逻辑，及网络社会从"去组织"到"再组织化"的演化路径，进而将网络社会治理研究从单一维度的研究范式推进到综合多维的研究范式。

2. 建构了网络社会治理的新型系统结构。从系统论入手，对网络社会模式进行系统建构，提出了基于大数据和人工智能算法，挖掘网络社会"自组织""他组织"与"再组织化评估"等子系统之间的互动机制，演绎了网络社会治理的新型动态模型。重构了网络社会治理的"技术、资本与政府规制的"协同"他组织"群,并在此基础上提出了多元共治范式。

通过建立人工智能自组织演化模型与再组织评估系统模型,全面提升网络社会治理的预警功能。

第九章
元宇宙是构建媒介发展的未来参照系

【章节导读】

元宇宙的"横空出世",给未来媒介的发展提供了新的思考方向,将开启下一代互联网新纪元。我们认为,元宇宙作为未来媒介的新样态,是虚实互动下技术创新的综合,是对于未来超越现实限制的一种升维的社会场景的构建蓝图。从补偿性媒介理论出发,元宇宙是对媒介要素和细颗粒度层级的补偿,改善了媒介的价值空间,帮助社会实现过渡,其补偿逻辑的实质是"扬弃"。此外,元宇宙帮助社会实现"再组织化""认知时代"向"体验时代"的过渡提供了有力抓手,为未来互联网社会的发展提供了新的参照系。元宇宙作为未来媒介发展的"关键少数",把握其关键之处撬动未来媒介发展的"绝大多数",在未来发展要遵循"以人为本"的底层逻辑,指导未来媒介良性互动,推动未来人类文明社会健康发展。

一、"元宇宙"：媒介升维逻辑下互联网发展的终极形态

元宇宙是一个数字世界，这种数字世界是由人按照某种想象和理想的方式所设计出来的数字化虚拟空间，它摆脱现实的约束，现实世界中的人以数字化的形式进入虚拟时空中创造、发明、体验以及生活。元宇宙通过互联网技术的整合构造了一个整体性、生态性的连接空间，元宇宙与现有媒介之间，并非同一维度的迭代，而是对互联网发展的升维过程，是对现有的媒介形态和媒介技术的结构性创新，为未来互联网社会的发展提供了新的参照系，同时亦有望成为未来互联网发展的终极形态。

（一）物理升维：从复刻到延伸，元宇宙形成来源于现实又超脱于现实的跨物理空间

元宇宙是将人们对生活的想象力付诸于实践的工具，它提供了虚拟世界和现实世界的连通轨道，是超脱现实生活更多层次的数字空间，它丰富用户感知、提升用户体验、拓展用户创造空间、提供更多发展的可能。这个虚拟世界中，元宇宙与具象的社会物质生产资料高度相关，它利用数字孪生技术进行1∶1模拟、复制物理世界的一切，数字孪生提供基础设施，负责映射和连接真实世界。同时，虚拟世界根据复刻来的真实世界进行延展和创新，通过高沉浸和高保真的极致体验反作用于物理世界。

元宇宙打破了现实世界中传播的不自由，实现了虚拟空间对现实空间的自由度补偿，实现了信息传递的多元化和跨物理空间的补偿。元宇宙继承了现实世界的特征，也提供了前所未有的交互性。元宇宙原生于物理世界，将数据、技术、劳动力、资本等要素复制；又开拓物理世界，不断创造要素的新形态，将物理世界升维至新的高度，将虚拟世界的经济系统与

现实世界逐渐融合，最终模糊虚拟世界与现实世界的界限[1]。

（二）价值升维：元宇宙对社会自由度的扩大，实现个人价值与社会价值的升级化重塑

场景时代的到来使得媒介的发展到达了一个新的阶段。其实，元宇宙是新的社会场景的一种构建，它超越现实的限制，激发了人们对于未来媒介和生活想象力，带来了新的价值维度。

任何媒介的发展都是人的社会性连接自由度的扩大，对于个人来说，伴随着现实世界和虚拟世界边界的消失，现实社会的限制逐渐减弱，"人的解放"程度加深，社会自由度被空前提高，用户的数字价值得以体现，用户将生产能力、创造能力和消费能力集于一身，用户不再是割裂的个体，被赋予了更多社会性的意义。同时，元宇宙将对内反向作用于个体心智世界，实现对虚拟世界感知力和想象力的延伸，增强个体的主体价值。

对于社会来说，元宇宙构建了新的社会生活场景，一方面元宇宙是互联网技术的集合体，它打破了技术之间的壁垒，实现各技术独立性前提下的整合，创造新的产业模式；另一方面元宇宙将各种独立的生活场景连接成为一体化的文明生态，社会运转效率不断提高，在虚拟与现实的转换中，改变社会交互和运行方式，新兴权利与传统权利的博弈开始凸显。无论是个人的发展价值还是社会的总体价值都在元宇宙发展中出现新的可能。

（三）内容升维：传受边界消弭，元宇宙推动人类对于未来内容生产的无限"想象"

从内容生产角度来说，元宇宙摆脱了物理意义上的限制，现实生活中

---

[1] 中信证券：元宇宙：人类的数字化生存，进入雏形探索期 [EB/OL].

的时空限制大大削弱，机器与人的协同可以为用户提供更为全面的信息体验，为信息生产提供新的动力。同时，用户可以随时随地接入，用户从内容的体验者变为内容的生产者，用户不但是单一的个体，更是社会中循环发展的一环。不同需求的用户都可以在元宇宙进行自主创新和创造，构建原创的虚拟世界，不断拓展元宇宙边界。元宇宙的高沉浸感为用户打造了一个内容生产稳定的社区，打破传统的传受关系，用户通过在其中生产内容、消费内容进而形成强连接，实现内容生产的升维。元宇宙是一个无限循环的内容系统，其中不仅包含从现实世界复刻形成的内容，更包含超脱现实来创新的内容。元宇宙不仅包含现实中的娱乐和社交，它的涉猎范围无限扩大，涵盖了人类对于未来世界的无限想象。

随着技术的不断成熟，元宇宙在数字化的世界中充分释放能量，进而重构现实中的社交、生活乃至经济与社会系统，将原有的世界维度提升到一个更高的层次上。元宇宙将技术、社会、人本身的约束条件颠覆，将不能实现的理想目标升维，是一个不断践行理想信念、接近理想社会的过程。

二、"扬弃"：元宇宙补偿路径的实质

保罗·莱文森的补偿性媒介理论认为，每一种媒介都是对前一种媒介的革新，这种进步与革新都补偿了前一种媒介的不足；而每一种媒介本身都有不足，都要靠更新的媒介来补偿其不足[1]。在补偿性媒介理论视阈下，媒介演化的历史就是新老媒介互相补偿的历史。新兴媒介的复杂度是远高

---

[1] 保罗·莱文森. 软利器——信息革命的自然历史与未来[M]. 何道宽，译. 上海：复旦大学出版社，2011，91.

于旧媒介的，正是因为递增的复杂度使得媒体不断智能化[1]。新媒介从价值方面来说为未来媒体发展提供了新的标准、新的尺度和判断依据，一定程度上伴随着新的方式扩张。元宇宙与原有传播结构和传播方式有很大区别，甚至包括对社会组织形式和思维方式的变革，这必然是一种补偿。

作为未来媒介的新样态，元宇宙是对媒介要素和细颗粒度层级的补偿，它提供了一个基本的框架和底层结构。元宇宙将现有媒介形态重新解构后分门别类、各安其位，形成新的媒介样态，原有媒介形式和价值均可在元宇宙中找到自己的影子，进而精进自身的价值空间。新媒介是对旧媒介缺陷的补偿，元宇宙的补偿路径实则是"扬弃"，继承和发扬现存媒介内部积极、合理的因素，抛弃和否定消极的、丧失必然性的因素，是发扬与抛弃的统一的有机过程。元宇宙的补偿机制并不是完全取代和抛弃，而是让底层要素充分发挥底层价值，被解构的媒介要素服从新的结构和新的机制，发挥自身的原有的优势功能，在新的框架中更新自身的功能，这种补偿是一种从属关系，并不是互相排斥和取代，元宇宙提供了一种"扬弃"的结构性补偿创新。

（一）"点动成线"：元宇宙是虚实互动下技术创新的总和

对于以技术发展为重心的媒介补偿模式，保罗·莱文森给予了高度的评价与肯定[2]。回首过去"纸媒时代—PC 时代—互联网时代"的演进路径，到如今的"元宇宙"时代，科技含量和科技属性都是媒介演进的重要本质，每一次媒介演进都在原有的基础上有所创新。元宇宙并不是简单的将所有

---

[1] 程明,程阳.论智能媒体的演进逻辑及未来发展——基于补偿性媒介理论视角[J].现代传播（中国传媒大学学报），2020,42(9):1-5.
[2] 保罗·莱文森.思想无羁:技术时代的认识论[M].何道宽,译.南京:南京大学出版社,2003,287.

技术连接起来完成一个技术接口问题，而是综合技术特性，解构技术的应用场景，效用最大化地完成整体架构及其技术连接逻辑、连接规则的构建过程，元宇宙的补偿逻辑是虚实互动下技术创新的总和。

元宇宙是技术驱动下升维的互联网，是虚拟的媒介空间。在过去，技术对于生活场景的构建是割裂的，是一个独立的空间，新技术虽然改变了人们的生活场景，但始终以"孤立"的状态存在，这样无法实现技术功能和作用的最大化，甚至无法发挥技术协同发展的作用。元宇宙提供了一个新技术融合与协同的补偿路径，元宇宙将整合技术实现连接补偿，解决如何整合为一体化的问题。元宇宙在既有的物质基础之上，借助互联网"上半场"积累的互联网资源，通过技术的研发和创造，连点成线，将如今的物联网技术、区块链技术、交互技术、电子游戏技术、人工智能技术、网络及运算技术串联[1]，将无法量化的内容量化，进行技术再度深化和数字化，形成"1+1>2"的作用效果，发挥技术新的价值范围，形成软硬件技术结合全面的创新构建，甚至为更新的技术落地提供基础保障。

在元宇宙创造的高沉浸、高保真环境下，元宇宙将不再是一个固定的"实体"存在，而是由与人相关的数据与智能技术编织起来并赋予某种权重的一种关系"网络"的版图[2]。元宇宙时代，用户使用媒体平台而产生的信息数据是呈指数级增长的，数据计算技术已经成为通用的技术体系和技术范式，依托于大数据、云计算技术，信息数据被有效收集和存储[3]。构成元宇宙基础设施的大数据和智能技术将成为打通虚实空间的连接工具，元宇宙通

---

[1] 新媒沈阳团队，王儒西，向安玲.2020—2021年元宇宙发展研究报告[R].清华大学新媒体研究中心，2021.

[2] 喻国明.新媒体范式的历史演进与社会构建——兼论传播学学科发展的着眼点与着手处[J].现代出版，2021(4):5-8.

[3] 曾琼，刘振.计算技术与广告产业经济范式的重构[J].现代传播（中国传媒大学学报），2019,41(2):132-137.

过不同技术互动创新整合，实现技术价值适配，进而改写传播规则、构建新的传播关系、整合新的传播环境，实现对现有媒介环境的补偿。

（二）从"认知时代"到"体验时代"：元宇宙对社会文明框架的补偿构建

在过去的传播时代，社会拥有一个完整有效的文明体系，人的社会化进程和知识体系的养成是通过认知信息来实现的，通过平面图像、口语传播、大众传播等二维渠道了解未知事物，是典型的认知时代，但人们对于认知世界依旧是不完整的。而元宇宙时代的到来，技术交互的极致体验，人们进入沉浸立体、高保真的虚拟环境，将不可知的生活场景变为第一人称的体验场景，实现了"认知时代"到"体验时代"的跨越。

在互联网时代，通过媒介对人们进行生理上、心理上与时空关系上的媒介化补偿，身体本身通过媒介得到呈现，成为媒介场域中的重要的身体符号[1]。麦克卢汉认为"一切技术都是肉体和神经系统增加力量和速度的延伸。"[2]元宇宙时代，由于虚拟空间和现实空间的交互转换，人体的延伸已经超出感官领域，对神经系统的影响愈发凸显，实现虚拟空间中感官的全方位连接，同时拓展了个人的实践领域。

元宇宙为"体验时代"的到来提供了感官基础，补偿了人类在现实社会中感官的缺位。目前媒介技术在现实社会中突破了人们的视觉和听觉局限，将人们带入"半沉浸式"媒介社会，而在嗅觉、味觉、触觉和神经系统领域仅能在现实社会满足。元宇宙带来的虚拟空间对人体的延伸拓展到生理和心理维度，"半沉浸式"的媒介体验时代已经过时，全感官的体验

---

[1] 喻国明，徐子涵，李梓宾."人体的延伸"：技术革命下身体的媒介化范式——基于补偿性媒介理论的思考[J]. 新闻爱好者，2021(8):11-13.
[2] 马歇尔·麦克卢汉. 理解媒介：论人的延伸[M]. 何道宽，译. 南京：译林出版社，2019：118，283，76.

时代已然到来。随着 5G、AI、脑机接口、AR/VR 技术的不断突破，元宇宙将人们全盘带入虚拟世界，实现感官全维度的连接和神经系统的共鸣。

同时，元宇宙为"体验时代"的到来提供了实践基础。元宇宙首次拓展了实践领域，人们生活的自由度空前提高。在元宇宙提供的虚拟空间中，人们将生命的体验空间无限拓展，用户不再受现实角色的束缚，可以自由地进行选择和创作，人的价值、人的能力空前释放，人们的生活方式、生产模式和组织治理方式将会被重构。

在元宇宙的世界里，人们通过"体验时代"来认识世界、感知世界、融入世界，但如何通过"体验时代"完成知识的传授、补充知识体系、进行有效的社会化，尚没有明确的路径。这也是元宇宙对于整个社会发展文明基础和文明框架的补偿构建过程。元宇宙所承担的社会责任和社会角色已经完全超脱了内容传递的领域，已然成为整个社会文明框架重建的基础，扮演了形成新文明社会的设计者、推动者和践行者。

（三）从"分布式"到"再组织"：元宇宙为分布式社会的过渡提供整体构想

过去的社会组织是金字塔式、科层制的社会结构，传播资源和信息资源的分配与社会结构相匹配，有一整套政治、经济、文化和文明规则。随着互联网时代的技术赋权，5G 技术开启了泛众化传播时代，社会逐渐呈现去中心化、去组织化的特点，人们的表达权、传播权、参与权空前提高。当技术赋权激活个体后，社会由原来的中心化开始"核裂变"，组织结构开始解体，组织效能开始降低，信息结构已经从过去的科层制社会的串联式模型转变为扁平化的分布式社会的并联式模型[1]。

---

[1] 喻国明. 新媒体范式的历史演进与社会构建——兼论传播学学科发展的着眼点与着手处 [J]. 现代出版，2021(4):5-8.

在分布式社会中，人们以圈层化的形式存在，圈层之间存在壁垒。虽然圈层赋予了互联网时代下人们个性化的发展权利，但整个社会还是需要协同来应对挑战、向前发展。在微粒化社会和分布式社会中，如何组织、凝聚力量，如何打破圈层壁垒实现最大公约数的社会机制，不是复制原来的组织模式就可以实现，而是必须要依托全新的组织机制和组织模式。

而元宇宙的提出为实现社会的"再组织化"提供了新的思考维度。在元宇宙构造的虚拟世界中，现实条件的约束已经不复存在，虚拟和现实的边界渐趋消弭，圈层之间的壁垒逐渐瓦解，"再组织化"的协同作用将更好发挥。元宇宙最初可能并不能形成一个完整的社会，但却是物理世界文明形态的投射，对于如何整合、协同、组织碎片化社会、分布式社会，元宇宙是一个很好的样本。以元宇宙的多维连接来推动社会的"再组织化"进程，以元宇宙的高效互动来激活社会的"再组织化"机制，使得内容与内容、人与人、人和物及人和信息高效连接、激活、整合成为可能，形成资源配置更高效、科学技术更便捷、功能平台更完善的一体化社会生态[1]。

"再组织化"这种连接方式、协调方式如何实现，权利的交替方式、社会过渡的方式、内容的分享的方式如何变革，元宇宙将提供新的构想，这是元宇宙补偿现实社会结构的一种机制、一种责任。随着元宇宙的不断演进，社会的"再组织化"进程逐渐加快、人类生活自由度的将进一步扩大、人类想象力逐步落地实现，最终形成一个良好的、全新的社会空间。

（四）生活自由的新高度：塑造环境高开放性与用户高流动性的新未来

元宇宙来源于现实空间，同时在现实空间的基础上拓展了虚拟社会，

---

[1] 喻国明.传播学的未来学科建设：核心逻辑与范式再造[J].新闻与写作，2021(9):5-11.

所有用户都可以将自己的内容、产品等资源放置到虚拟空间之中。元宇宙容纳了海量的内容存储，只要符合社会的价值底线，任何人都可以进入到虚拟空间之中，与其他用户进行交换、互动、交流。线上元宇宙是一个高集合度的媒介市场，线下元宇宙是一个大型的消费体验中心，生活自由度体现在元宇宙的环境高开放性和用户高流动性。

开放性是元宇宙构建的基础，这里的环境开放，指的是去除封锁、禁令或可能的限制，只要遵守底线规则，即允许自由进入元宇宙空间[1]。这种高开放性的未来首先表现在对人的开放，元宇宙中的用户量将达到极致，突破现实条件的制约，任何人都可以在元宇宙中生活；其次是内容的开放，元宇宙将提供无限的内容，完善一个无限的自给自足的内容系统；再次是对商业的开放，在元宇宙新的路径、新的空间作用下，新行业、新模式、新形态不断出现，新的经营机制、新的商业规则将产生"化学变化"。

元宇宙中的用户具有"能动的流动性"特点，人与技术相集合的"新主体"既是具体实在也是变动不定。用户的高流动性是元宇宙补偿生活自由度的显著特点。首先是用户身份的高流动性，元宇宙中的用户实现了"超链接的自我"，不再受现实社会中身份的限定，而是在虚拟空间中不断切换主体身份寻找自我效能感的过程，具有多重身份、永久在线的高流动性特点。其次是关系的高流动性，现实社会中人们的关系基于地缘关系、亲缘关系、趣缘关系等构成联系，而在元宇宙中人们不基于任何基础也可形成连接，用户身处于多个社会群体之中，每天在元宇宙的空间中自由流动，随时进退。

---

[1] 喻国明，李彪. 互联网平台的特性、本质、价值与"越界"的社会治理[J]. 全球传媒学刊，2021,8(4):3-18.

三、以人为本：元宇宙未来发展的关键思维

元宇宙是技术的结合体，是一种媒介手段，更是人表现其社会化存在的一个"中介"。随着科学技术的不断发展，元宇宙将会迎来更高层次的发展，但无论是何种技术与创新，"以人为本"都是未来发展的关键思维，元宇宙应努力成为人类社会发展的实践者、协同者和保障者。

（一）实践者：扩大人的实践半径，提高人类生活的自由度

"媒介是人体的延伸"实际上是"以人为本"媒介发展思想的深刻体现，人们需要媒介提供更多的空间、更多的场景、更多的资源来满足自身需要、展现自身价值，这一定程度上需要传播技术的实现。如今的 VR/AR 提供了人们观察世界、学习世界的新方式，为人类提供了天然的虚实转换的接口；5G 技术的发展为人类提供全时性的万物互联，满足个性化的需要；区块链技术为人类奠定了分布式社会中的"信任"基础，创造了可靠的"合作"机制……这是媒介为人类生活空间一次次向外拓展的实践。元宇宙是未来人类文明的世界，高自由度不意味着行为的不受规制，高开放度也并非边界的无限扩大，如何拓展出一个虚实结合的良性健康互动空间，元宇宙任重道远。

（二）协同者：打破社会的圈层壁垒，寻找社会发展的最大公约数

媒介发展的过程中，由于互联网的赋权赋能，社会圈层开始逐渐显现。同时由于圈层内内容输出的一致性和精准匹配的技术加持，圈层壁垒逐渐加厚。要实现社会的"再组织化"，实现社会群体的同频共振，元宇宙要起到社会引领、社会整合、社会协同的重要作用。未来，元宇宙要扮演圈层沟通者、协同者的角色，促进圈层之间的信息交流，实现信息的健

康流动，瓦解圈层之间的壁垒，寻找社会发展的最大公约数，实现社会的协同进步、健康发展。

（三）保障者：服务于人，为人类社会的文明发展提供保障

在不断变化的世界中，人们认识世界、把握现实的复杂程度、困难度不断加深，而新媒介的作用就是帮助人们抽丝剥茧、服务于人的社会认知。当人们物理世界的全部内容融合进入元宇宙的虚拟空间，人们的生活方式、生产模式和组织治理模式将会被重新整合。此时媒介技术如何服务于人显得尤为重要，元宇宙要为普罗大众提供人性化与专业化并存的传播手段；要开拓新的传播疆域，提供新的传播手段和连接方式，构建服务于人的传播规则；要用人类文明传承的传播逻辑，促进社会发展，使元宇宙成为人类文明社会向前进步的保障者。

从宏观层面来说，元宇宙提供了一个未来媒介社会发展的参照系，重构起新的媒介生态、传播路径和社会现实；从微观层面来看，个人价值和社会价值被重新赋予到未来媒介社会之中。元宇宙的社会性比现实社会复杂程度高，在发展的同时要遵循发展规律，明确"以人为本"的底层逻辑，要协同于人的发展、应用于人的生活、服务于人的价值实现，走上良性的发展道路。

概言之，元宇宙并不是现存媒介的替代品，而是一个升维意义上的"补偿者"和"统领者"，这里所谓的"补偿"是一种更高维度意义上的补偿，是"扬弃"的补偿逻辑。媒介进步之路是曲折的，元宇宙为我们展示了未来媒体终极发展的一个目标愿景，当下我们可以把元宇宙看作是着眼未来、把握现实逻辑下的未来发展的关键，以此来撬动和统领现实实践中媒体发展的基本走向，起到"压舱石"和"定盘星"的作用，实现人与媒介、媒介与技术、技术与社会的共生发展，构造时代发展的新进路。

第十章
元宇宙视域下的未来传播：算法的内嵌与形塑

【章节导读】

　　从认知时代到体验时代再到元宇宙的未来传播图景，算法的角色从"中介与代理"到"延伸与交互"再到"内嵌与形塑"演进，"算法—人"关系也从技术控制逐渐回归人的主体性。未基于以人为本的逻辑，把握算法的迭代趋势、发展逻辑与总体范式，可以从技术控制权、个体能动性、个性化和社会性与多元化之间的关系来洞见算法未来的操作路径，并围绕人、物质、环境与空间的横向关系连接来理解算法的挑战与发展，以媒介化范式指导算法实践和研究。

一、元宇宙的滥觞：算法角色与功能的全新思考

元宇宙是一种融合各种数字技术的共享虚拟现实的全真互联网和社会形态，它不是一个具有特定参数和目标的游戏环境，而是一个开放的数字文化与社会。算法作为元宇宙的底层技术基础之一，对未来元宇宙的连接规则和社会结构将产生关键性影响。就目前的算法技术来看，算法的发展呈现出迭代变化的过程，即算法从最初作为认知中介，到目前机器深度学习算法根据人们反馈的数据不断进化，人们在体验中也逐渐收获和算法交互知识，而未来元宇宙中算法的角色及其与人的关系必将越来越重要。

对于算法的探讨，一直以来存在信息茧房、算法黑箱、算法偏见等技术风险和伦理隐忧，归根结底是个体在技术中的主体性和能动性的问题，所谓"技术—人"的问题本质是人（设计者）与人（使用者）之间的问题，以及新兴的技术权力者与既有的社会权力者之间的问题。元宇宙建设与智能算法发展中最困难的障碍可能不是技术或计算本身，而是与社会或政治的关系协调及基于这种协调的互构，并且从数字经济平台到元宇宙，算法已经不再单纯是一种技术架构，而是成为与周边社会生态密切相连的嵌入式的产物和具有生产性的过程，它作为技术人造物，对人类构成了新的促逼，人类作为技术的创造者和使用者应有更高的反思、批判和自主能力[1]。因此对于算法演进方向的引导以及算法与人关系的研究回归人的主体性视角，以人本法则为基准将个体的内在需求、评价标准与价值体系纳入对算法的考察中，以实现人机关系下人的主体性、能动性和价值的复归与重构。此外，元宇宙目前仍属于想象的范畴，其

---

[1] 孙萍."算法逻辑"下的数字劳动：一项对平台经济下外卖送餐员的研究[J].思想战线，2019,45(6):50-57.

实践的进展与探索的结果难以预测,但技术迭代的脉络则在某种程度上是可预测的,未来算法应如何朝什么方向发展?可以基于元宇宙的未来传播图景对其进行洞察与预测,以此把握算法的迭代趋势、发展逻辑与总体范式。

二、从认知时代到体验时代再到元宇宙:算法的迭代与角色演化

技术的快速迭代建构并勾勒了瞬息万变的智能传播图景,随着智能技术的发展与算法的不断渗透,人类从认知时代迈进体验时代,并在构想与摸索中走向元宇宙,在当前的体验时代,人的情感、情绪等非理性因素成为算法优化与信息传播中需要考量的关键因素,从个体捕获的多角度、多层次的立体化数据成为算法运行和进化的资源,个体的能动性和控制权也从"被动"转为无意识的"主动",对于算法的迭代转变,可以从两个层面进行理解,即宏观层面算法角色的演化以及中微观层面"算法—人"关系的渐进转变。

(一)算法角色的演化:从"中介与代理"到"延伸与交互"再到"内嵌与形塑"

1. 作为"中介与代理"的算法

在认知时代,算法的角色体现为"中介与代理",不同于体验时代,人们在认知时代下对算法的利用和理解主要将其作为一种工具。算法创作内容、算法推荐与分发机制等形式中介了人与世界的关联,通过不同的数据维度和算法模型分类、筛选、过滤和匹配信息、构建拟态环境,从而重塑人的认知,影响人的判断与决策。在信息生产环节,算法通过搜索识别

新闻线索,挖掘分析用户的兴趣和偏好,进行新闻文本写作、策展与编辑,颠覆了以记者和编辑为主导的传统人工内容生产方式;在信息发布环节,算法进一步针对用户的个性化喜好为用户分众化推荐内容,使不同用户对于周围世界的注意、感知、理解与想象被局部化地建构,算法代理了传统内容生产者的把关权以及用户注意力的选择权,成为新的把关人。

2. 作为"延伸与交互"的算法

从认知层面的"中介代理",到体验时代的"延伸与交互",算法印证了麦克卢汉"媒介是人的延伸"的论断,它不仅仅是一种认知的中介,而且是人与内容、人与平台、人与物以及人与人关系的连接纽带。算法围绕体验效果与情感需求,多维度搜集和分析个体所反馈的画像数据、行为数据、情绪数据、关系数据和评价数据等,并建立了内容推荐机制、协同过滤机制和混合推荐机制等算法推荐模型,并根据空间结构和时间序列等维度进行评估,不断优化算法模型,社会化推荐算法结合社会网络的特点,在社交网络平台中提取社交动机,模拟现实社会中的推荐过程,分析用户历史行为和社交关系[1];通过标签化,算法在计算机网络中利用人类认知资源、关系资源进行"捕获和跟踪",个体自身的数据化存在也通过与算法的交互,提升内容与人匹配的体验感,延伸个体对于世界的感知和认识,通过提供个人情感归属场域构建以趣缘为主要特征的隐性连接,加速地缘、业缘群体的形成,扩大社会网络的半径。例如,基于用户协同过滤和标签化算法的微信视频号,借助微信的强关系网络和用户的兴趣偏好拓展用户接触信息的范围,小红书中"我的频道"自定义的推荐标签组合,帮助用户了解更多感兴趣的内容和博主。除了信息分发的推荐算法,在机器视觉、语义关系、音频理解与生产、知识图谱的关系建构与人类行为的关

---

[1] 郭磊,马军,陈竹敏,姜浩然.一种结合推荐对象间关联关系的社会化推荐算法[J].计算机学报,2014,37(1):219-228.

系理解等方面，算法都在不断发展，充当着强化个体体验的基础性技术。例如目前正在研发的强化学习系统，模仿大脑内部的突触、神经元之间的连接原理，将来自环境的每种感觉输入到不相同却有一定联系的神经网络中，这些感觉网络可以通过训练来整合本地收到的信息，并且通过注意机制的交流，可以集体达成一个全局一致的方案，实现"感官替代"[1]。

在社会的消费、服务等其他方面，算法也改变了传统的人际交往方式和劳动实践，改变了人与人连接的关系，例如在外卖平台未出现之前，人们只能以信任为基础的交往，通过熟人社会以打包的方式委托配送，外卖订餐模式普及后，算法使用各种评价体系（比如五星好评）来让陌生人之间产生以往只有在熟人社会中才能产生的交往活动，而除了人与人的连接，也由此延展人与平台连接的维度。

3. 作为"内嵌与形塑"的算法

元宇宙中的算法将从"中介与代理"与"延伸与交互"升级转型为"内嵌与形塑"，它不再是粗放式地拓宽连接范围，延长在线时长，而是贯通环境建构、系统支持和功能填充等多个层次，内嵌于元宇宙的社交网络、经济系统与数字文明中，以人为本的算法规则实现对社会形态和社会结构产生形塑和再组织，推动社会进步与社会机制的更新，促进共建、共享、共治。

（二）"算法—人"关系的互构式演化：从技术控制回归到赛博格环境下的用户主权

算法是具有社会属性的技术人造物，尤其表现为作为"延伸与交互""内嵌与形塑"的算法可以透过数据的关系建构调节人与外部世界之

---

[1] 雷锋网. 谷歌大脑新研究：强化学习如何学会用声音来观察？[EB/OL]. (2021-10-11)/ [2022-1-1].

间的关系，连接社会关系，控制和影响社会现实与秩序。从认知时代到体验时代再到元宇宙，"算法—人"关系呈现互构式的演化过程：在技术控制为主的算法时代中人的能动性低，个体通过被动接受算法的中介渠道进行认知；在体验时代中，个体的数据被无意识采集和利用，部分算法素养较高的个体主动驯化算法，个体的能动性以无意识的"主动"为主；元宇宙是个体能动性全面回归的阶段，个体从"被动"到无意识的、有限的"主动"再到真正的"主动"，个体主体性与能动性在算法的可塑空间、新的规则和操作模式中得以确立。

1. 技术控制的算法时代

直至目前，人类仍处于技术控制的算法时代。一方面，个体基本不清楚所谓算法的个性化机制，不知道互联网对自己的观感及"画像"，不知道其如何使用个人信息；另一方面，算法规则是不透明的，且经常变化，经常更改用户接收信息的可见范围。因此，用户的自主判断能力和选择能力被移交给算法，而且算法价值的涉入不动声色地强化了对使用者的控制，因此个体无法主动地控制个性化行为。不管是人类行动者引起技术人造物（算法）发生改变，还是技术人造物（算法）向人类行动者所开放的解释空间，已经很难区分何者为主体、客体。因此，对于算法与人的关系的根本把握，必须打破主客体的二元论视角，通过审视技术与人各自的主体性及其基于这种主体性的互构，来把握人与技术的关系。

2. 在算法的可供性空间中加强用户的主体性与能动性

对于元宇宙下算法如何实现个体赋权，重新唤回用户主体性与能动性的问题，可以置于算法控制与个体主体性的三维分析视角，通过技术控制权、个体能动性、个性化和社会性与多元化之间的几对关系来洞见算法未来的操作路径。元宇宙中算法的核心逻辑即人本主义，具体而言是增加个体的自主性与参与感，通过提供多元的参与角色和能动性把握的空间，促

进个体获得权利参与各种互动,进而使资源分配更加合理,促进整体的游戏规则更加人性化。(见图 10-1)

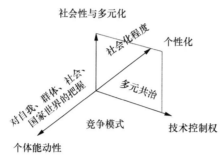

图 10-1 元宇宙算法的三维分析

A. 个体能动性 × 社会性与多元化

个人能动性包含多维度,包括对于个体权益的把握、对于所在族群和圈层的把握、对于社会性的把握以及对于国家、世界的把握。目前已有的协同过滤算法机制体现了对于圈层的能动把握,主流价值观导向的算法体现了对于社会性与国家的能动把握,例如央视正在打造的符合主流价值观的总台算法,将价值传播因子、动态平衡网络、社会网络评价体系和正能量相关的指标纳入算法模型中。元宇宙中的算法需要进一步提升个体能动性,提供多维度个体能动空间的开放访问权,连接不同空间与场景。

B. 个性化 × 社会性与多元化:衡量个体社会化程度与心智状态

个性是人存在和发展之基,是与社会化、多元化相对应的另一维度,其中存在着个体化与社会整合,多元化与社会认同之间的张力,个性化未必意味着多元化,而多元化可能意味着个性化的成分相对有限。算法需要从个人匹配、群体匹配和公共匹配等维度进行匹配力提升,这不仅包括个人画像、个性化场景与动态需求的匹配,还包括对于群体画像、群体动态需求、群体分布模式以及社会环境特征、社会热点和平台特点的洞察[1]。

反观目前的算法仍简单地将人"数据化",欠缺对于个体深层社会心理的把握,元宇宙阶段的算法可以强调个体生成的活动和目标,并为个性化的虚拟环境和体验提供内容创建工具,提供具有复杂的心理和社交功能的更开放的环境,类似于现实生活和文化,个体可以定义和实现自己的活动和目标,并理解、尊重生物体征所特有的具身性经验,将生物算法特有的共情、好奇、想象和创意纳入优化智能算法模型与逻辑规则中。此外,从认知神经传播学范式下挖掘人机交互中人的认知与情感状态,解释其行为背后的心理机制与脑神经环路机制[2],以此评估算法机制的传播效果,推动作为人脑功能的心智在身体及其与环境的互动,从而将心智世界、元宇宙与真实世界的数据相连接,促进心灵与人脑的延展。

C. 个体能动性 × 技术控制权:建构"竞争-互构"模式

元宇宙下的算法可以将竞争模式纳入算法的操作模式中,通过个体、政府和企业多维度的竞争,促进个体平权与自主性实践。算法对元宇宙中 UGC 创作游戏、注意力分配机制以及虚拟经济系统的价值分配逻辑将发挥底层逻辑的影响,如何通过算法机制分发元宇宙中的 UGC 生产内容以吸引用户消费,进而促使更多 UGC 内容产出、推动更多人消费,整体的逻辑链条需要重新设计和搭建。同时,算法的引流机制也尤为关键,关系到数字资产的价值归属、流通和变现问题,目前 Sandbox 公司对于元宇宙虚拟经济系统的构建逻辑为,拥有土地的用户可以通过开发游戏并收费、收取展览门票、租赁土地等方式获得收益,并且以此提高土地的价值。从而

---

[1] 彭兰. 新媒体用户研究:节点化、媒介化、赛博格化的人 [M]. 北京:中国人民大学出版社,2020.
[2] 喻国明,程思琪. 认知神经传播学视域下的人工智能研究:技术路径与关键议题 [J]. 南京社会科学,2020(05):116-124.

可以通过在 NFT 市场上出售土地获得利润。距离主要合作伙伴、品牌商、热门 IP、社交中心更近的土地可能会从游戏玩家那里获得更高的流量，有更多的活动和基础设施，这可能意味着能够通过货币化获得更多收入。受追捧的土地在地图上被标记为优质土地，获得更多引流机会。

概言之，算法中个体能动性的提升最根本在于规则的改变，规则的改变包括对于资源的分配、规则的创新、个体身份限制的打破以及协同法则的建构。过去传统传播者是掌握绝对的主权，作为个体的权利被有限地规定，到了大众化传播时代，由无数个体所构成的大众对传播者构成了影响，市场关系与个体需求要求传播者不得不依从竞争关系，根据个体体验的需求进行传播，算法模型的优化就体现了"互构性"这一特点。对于开放开源的元宇宙，更应纳入个体、政府、企业之间的竞争模式，形成相互制约、互相建构的机制，个体有权选择自身的身份和角色，并以此在不受现实因素限制的虚拟空间中展开自主的生命体验，参与元宇宙的共同建设，共享去中心化的价值回报。

D. 技术控制权 × 社会性与多元化：从单一控制到多元共治

拉图尔的行动者网络理论围绕行动者（Actor）、转译者（Mediator）以及网络（Network）三个概念展开。行动者网络就是异质行动者建立网络，发展网络以解决特定问题的动态过程。一个行动者能在自己的周围构建一个网络，使其他要素依赖着自己，并将其兴趣转译进自己的网络中，将动态的网络转变为一个稳定的"黑箱"。算法在不同程度上对各类行动者的状态与行为产生影响，并且介入这些行动者之间的互动，将原有的网络重新进行整合，各方的利益在行动者网络中不断博弈，每一方都受制于隐藏在幕后的算法。而要改变算法技术的单一控制，应当协同非人类行动者与人类行动者，使政府、民众、企业多方参与网络社会化的治理，共同参与对算法制定、评估以及对算法实践行为的偏差中。

技术控制权存在着社会化的过程，目前的算法技术控制是以平台、公司为单一主体，以此掌握对于个体的影响力，未来的技术控制模式可以发展为双巨头控制模式和多元共治模式，双巨头控制模式主要指政府与技术公司的共同控制，而多元共治模式则在双巨头控制模式的基础上引入民众的力量、专业的力量，由此形成技术控制权社会化的过程。而元宇宙的开源开放与多元化特征要求多方行动者的共建、共治与共享。

三、元宇宙下的算法范式：人、物质、环境与空间的横向关系连接

（一）元宇宙视域下的算法重点将转至贯通数字世界、心智世界、元宇宙和现实世界

元宇宙具有开放开源的特点，未来算法的重点不再止于计算单个个体节点的需求，而在于贯通数字世界、心智世界、元宇宙和现实世界，实现人、物质、环境与空间的横向关系连接，重构社会身份、阶层与结构。目前的数字世界是弥散的，个体的信息散布在数字世界中，信息点之间相互割裂，比如，一个人的社交信息分布在微信中，购物信息分布在亚马逊、淘宝、京东中，生理运动信息存在苹果、小米公司的运动 App 中，而元宇宙算法所要解决的就是突破数字世界的弥散状态，重新将割裂的各部分进行连接，贯通具身、智能设备、扩展现实、生物识别和数据等，为个体提供多重身份、永久在线的自由流动空间。

吉登斯对社会行动的情境——时空场景的引入，意味着在研究社会行动时，必须将社会情境，也就是时间和空间的变化纳入考察视野之中。在对日常社会行动的论述中，吉登斯提到了"在场"的概念。在传统的、日

常的、例行化的社会互动中，人们大都是在同一个场景——时空背景中进行互动，是一种在场的社会行动。而随着社会的变迁，人类活动的范围逐渐扩大，更大的时空范围内的互动成为可能，人们的社会互动最终可能会超越在场的范围，在缺场的范围内产生影响。目前看来，算法对于传播空间的影响主要表现在三个方面：物理空间上的资源调配、媒介智能传播空间的建构、空间分配权力体系的形成[1]。未来元宇宙中，人们作为行动的主体，可以进一步通过算法的横向连接和各种智能技术对于信息的编码与解码，使智能技术与机器的行动来满足人的行动目的，依据不同的社会场域和个体特征，将传统的行动发生的空间场景扩展到虚实相融的"融宇宙"和"超宇宙"中，同时信息流的流动在人的能动实践中被赋予新的社会行动意义，元宇宙、现实世界等多重空间的线上线下社会场景被重新编码，产生社会意义和物理意义的融合[2]。

此外，如鲍曼所言，认同多元的个体化社会，个人的生活筹划和对社会的再嵌都是建立在高度流动性和随之而来的对陌生人的身份认同基础之上的[3]。元宇宙的算法可朝着解决移动互联网时代网络个体化社会脱嵌性的方向发展，通过在网络行动者的多重自我中构建一个关键性的身份／认同贯彻于多元认同之中，使得网络行动者产生一个核心自我，从而使得网络行动者建构相对延续的自我感、身份／认同和本体性安全，促使脱嵌的个体实现对网络个体化社会的再嵌入进程，避免网络个体化社会无序化和

---

[1] 孙萍，刘瑞生. 算法革命：传播空间与话语关系的重构[J]. 社会科学战线，2018(10):183-190.

[2] 陈氚. 信息行动理论——数字社会时代的社会行动理论探讨[J]. 社会学评论，2021,9(5):65-84.

[3] 齐格蒙·鲍曼. 后现代性及其缺憾[M]. 郇建立，李静韬，译. 上海：学林出版社.2002.

原子化[1]。

（二）未来的算法范式：以媒介化范式考量算法的社会形塑

媒介化研究更为关注的是媒介"介入"社会生活的过程，以及其依托社会实践所开创的多种可能性。媒介化生存的趋势下人就是媒介本身，考察这一点应摆脱主体—客体的二元论。媒介化研究强调的是媒介，或者更广义的说是信息传播技术，它已经开始摆脱传统传播研究中的"中介性角色"，而开始逐渐地"影响"乃至"控制"社会形态的构型过程。因此，应通过媒介化范式反思并指导算法开发、设计和使用的实践，同时将其作为研究的视角，加强对于技术的主体性考察。

当前媒介已在社会中无处不在，媒介与其他社会范畴相互建构，作用于人类社会形态的媒介形式，其意义远胜于其内容，媒介塑造的文化形态越来越社会现实化，甚至直接出现了媒介所造就的行动场域和社会场域，这种社会适应媒介环境的变革过程被称之为"媒介化"[2]。这意味着媒介与其他社会领域之间关系的结构性转型，也意味着不同社会角色之间社会交往和关系的变动模式，包括个人与组织、个人与媒介、社会与媒介关系的变革。学者们普遍认为媒介化是重新锚定媒介与当代社会政治、文化、经济生活之间的关系的有力抓手，强调不可将媒介与文化和社会机制分离看待[3]，关注媒介与其他社会范畴相互建构的过程与结果成为传播研究的热点议题。

---

[1] 张杰. 通过陌生性去沟通：陌生人与移动网时代的网络身份/认同——基于"个体化社会"的视角 [J]. 国际新闻界，2016,38(1):102-119..

[2] Asp, K. (2014). News media logic in a new institutional perspective. Journalism Studies, 15(3), 256-270.

[3] 戴宇辰 (2018). 媒介化研究：一种新的传播研究范式［J］. 安徽大学学报：哲学社会科学版，42(2), 147-156.

媒介化研究有三种不同的研究视角，其一是物质性的视角，强调关注媒介本身以及传播技术的物质特性，强调"媒介化与媒介结构中固有的空间概念，也具有物质的一面，通过它，文化实践与日常生活得以物化"[1]。其二是文化的视角，强调主体与传播工具的过程性互动，即媒介提供了新的传播手段，而这又为改变人类生活方式提供了新的可能性，它的基本逻辑是社会建构的传统，即人类可以使用媒介来改变社会的建构方式[2]；其三是制度化的研究视角，即将媒介的形式视为一种"独立的制度化力量"，强调媒介作为社会现实框架的组成要件。制度视角致力于阐释特定情形下社会结构如何扮演社会交往的资源，以及社会结构如何通过能动性得以再生产和变化。这也是所谓媒介逻辑的作用规则，"社会生活的扩展序列特别是某些社会制度逻辑受到媒介形式的影响"[3]。媒介逻辑被用来描述媒介所具有的制度的、审美的、技术的独特样式及特质，包括媒介分配物质和符号资源的方式，以及借助正式和非正式规则运作的方式。

作为媒介形态变迁的重要驱动力量，技术的每一次迭代更新，都带来传播质量和效率的提升、媒介对前技术环境的复制能力的增强，以及虚拟环境与现实边界的模糊。从社会因素来看，技术的合目的性与合手段性的叠加，又会在传播技术得到成功推广运用后，引发社会制度、社会功能以及传播场景的革新，从而导致社会结构、交往方式、传播方式、认知模式等多方面的改变。算法技术作为各类媒介技术质效提升的一种基础性新媒介，其迭代与发展能够牵动一系列新媒介形态的变革与更新。算法技术

---

[1] Lundby, K (2014). Mediatization of Communication (pp. 3-38). De Gruyter Mouton.

[2] 施蒂格·夏瓦，刘君，范伊馨. 媒介化：社会变迁中媒介的角色[J]. 山西大学学报(哲学社会科学版)，2015,(5).59-69.

[3] Altheide, D. L., Snow, R. P (1992). Media logic and culture: Reply to Oakes. International Journal of Politics, Culture, and Society, 465-472.

扩展了社会与媒介结构中的行动空间，扩展了人以媒介改变社会的实践空间，以自身融合、高速、互联的特质进一步经由其他具体媒介应用改造社会的方方面面，可以说，以算法技术为代表的基础性新媒介是社会进一步媒介化的助推器。

人类社会的发展史，就是一部从强连接（前大众传播时代）状态到弱连接（大众传播时代）状态，再到"强—弱"连接并举且协同（数字传播时代）状态的发展史，也是从低度信息化向高度信息化逐步演变的历史过程。数字时代以算法为"媒"，更是一个以人机互动、高度智能化为主导特征的崭新时代。由于当代信息技术的应用特别是移动通信和社交网络的普及，分隔于全球各个不同地理空间、不同时区的各个人类个体和群体越来越高度互联、高频互动，社会生活的方方面面、世界的角落正在加速进入全面"数字化"[1]。在算法技术与应用为代表的新媒介影响之下，社会生活的媒介化正在使得社会日趋演变为新的社会形态，与之相关的一系列社会关系、社会实践与社会秩序变革需要我们以更广泛的理论视角与多样的方法工具去开展研究。

---

[1] 涂子沛 (2013). 大数据：正在到来的数据革命，以及它如何改变政府，商业与我们的生活 [M]．桂林：广西师范大学出版社．p43.

第十一章
元宇宙视域下国际传播的新境界

【章节导读】

　　从当下的想象里，元宇宙以无界传播为终点将社会推延至远方。在这个漫长的过程中，国家、社会正以一种自下而上、去中心化、泛传播的虚拟世界主义模式而连接起来，逐步消弭符号与意义、内容与形式、时间与空间、虚拟与现实的界限，带来全球同质化的"跨域共同体"与世界去中心化的"自治共同体"。面对这种场景与传播模式的改变，对外传播的过程中要深刻理解媒介，以技术为基点，构建话语体系的先决原则，培育多元化的对外传播主体，打通点对点传播，中国故事有机融入虚拟现实，搭建在场感叙事场景，自然而然地内化中国文化背景，达成传受双方的共同叙事，潜移默化地影响全球文化价值与社会意识的共建。

一、理解世界：新媒介语态下虚拟世界主义的重塑

从"对政治经济文化利益的争夺"的国际传播命题，转向"对人类命运的普遍关注"，世界主义在经历了国族中心主义、普遍主义后，带着全球一体化的期冀诞生。世界主义意图推动跨越种族与国家界限，搭建共同的社会伦理道德，培育全球化的文化内核，形成普世意义的价值观念[1]。随着Web2.0时代带来的信息技术革新，互联网连通全球交织构成了社交网络，媒介化空间内形成的"虚拟世界主义"走到人们面前。美国学者索夫雷-丹顿与巴尔丹首先给"虚拟世界主义"赋予明确定义，认为其是由媒介搭建的社会空间，在该空间内，文化内容与社会资本可以获得比实体世界主义更大范围的自由传递[2]。在当下国际传播的实践中，学者史安斌提出平台媒体作为现今的全球传播的主要基础设施，实际上为我们带来的"平台世界主义"而非"虚拟世界主义"。他提出，当下虚拟世界主义的语境忽视了网络媒体作为传播中介的多样性、自发性以及无序性而具备极高的全球风险，虚拟世界主义失去了学理层面的合法性和解释力[3]。

基于社交媒体技术杂糅创建的"第三空间"在Web2.0时代无法达成真正意义上的虚拟世界主义，而元宇宙的出现恰恰能弥补扁平化平台媒体情景下多重媒介、中介中心化、自发无序化的困境，带来具备自身规则、

---

[1] 王宁.西方文论关键词 世界主义[J].外国文学，2014(01):96-105+159.
[2] Sobré-Denton MS. Bardhan N. Cultivating Cosmopolitanism for Intercultural Communication: Communicating as a Global Citizen. London: Routledge. 2013. 9，174.
[3] 史安斌，童桐.平台世界主义视域下跨文化传播理论和实践的升维[J].跨文化传播研究，2021(1):31-50.

去中心化运营的虚拟社区，实现世界主义的"自下而上"的参与式建构，给予我们重新理解"虚拟世界主义"的钥匙。元宇宙连接虚拟与现实、过去与当下、时间与空间，以场景融通为核心，以个体社会关系为纽带，其中内容的生产与消费，权利互动、关系重叠与身份的流通共同构成了社会化媒介场域，意指带来的是现实社会的系统的"脱域"与社会关系的超越时空，这与虚拟世界主义培育"全球公民"、动员虚拟国际化空间的旨趣相合，为我们带来了新媒介技术下数字版的"天下"理念实现的可能，重塑了虚拟世界主义的媒介内涵。

二、感知世界：元宇宙下国际传播格局的新变化

梅罗维茨在其代表作《消失的地域：电子媒介对社会行为的影响》中提出，一个新媒介的出现会创造新的媒介情境并改变人们的生活场景，新的社会场景深刻影响着人们的社会角色扮演与交往方式，间接推动社会的发展变革。将元宇宙作为一种新型媒介放到"媒介—情境—行为"的变革框架来看，元宇宙的诞生深刻影响着国际传播的社会情境、交往行为与传播模式。

（一）情景与环境

1. "无界传播"的沟通情境

在《理解媒介》一书中，麦克卢汉首次把物理学中的"内爆"概念引入媒介领域，认为电子媒介带来界限的模糊，促进人感官的延伸以及拟态环境与现实环境的模糊[1]。鲍德里亚在麦克卢汉的基础上对其观点做了进一步解读，认为媒介与现实的区分被消除了，现实中的真实事件与媒介中的虚构内容混杂在一起，社会媒介下意义与信息、内容与形式以及真实与虚构都是媒

---

[1] 赫伯特·马歇尔·麦克卢汉. 理解媒介[M]. 北京：商务印书馆，2000.

介内爆产生的"超现实",着重深刻反思界限被打破后产生的混乱与失调。即使麦克卢汉与鲍德里亚对于"内爆"的反思倚重不同,一者偏向技术,一者导向意义,但他们依旧持有着内爆是"作为内向裂变消除界限"的共同认知。元宇宙的出现将这种技术与意义的内爆叠加并再次引燃,不仅开始连通媒介,消除媒介形态的区隔,形成"作为媒介的媒介",还逐步模糊传播生态所有的界限,带来"传受界限、符号界限、内容指向界限、传播系统内外部界限、阶级界限以及国别文化界限"等界限的融合[1],使元宇宙在媒介维度上产生跃迁,弥合虚拟与现实的对立。对于国际传播而言,元宇宙在虚拟与现实的"内爆"中,成为了社会唯一的媒介类别,使其自身逐步走向生命化,成为人与社会的延伸,达成与社会、与人一体,形成无界传播的国际沟通情境,消解对外传播的意义的同时,也使对外传播无处不在。

2. "共在空间"的实现

元宇宙这一概念从诞生起,其中心词便是宇宙,讨论的核心内容在于"宇"与"宙"的虚拟无限性,问题聚焦于解决时空相关的矛盾。人们涉足元宇宙,在元宇宙内建立数字分身,在数字生活里拓展时间与空间的意义,极致压缩空间与时间粒子,拓展时空共见的可能性。元宇宙重构了实体地理空间与虚拟网络空间的物理区隔,使拟像化的全息场景建构起虚拟的"共在空间",让遍布于世界各地的人同域共触,形成对外传播过程中的日常"信任场景",形成"完全在场"的国际传播新环境。

(二)要素与模式

1. 个人主体传播的角色调试

元宇宙将每个人都纳入传播的节点中,国际传播的主体角色不再仅仅

---

[1] 严功军,张雨涵.内爆转换与传播危机:融媒体生态的批判解读[J].现代传播(中国传媒大学学报),2017,39(11):14-17+23.

是过去媒介内容的生产者与把关人，主体工具也不在信息内容输送与呈现的媒介平台，"人"再次成为故事的焦点，以个人为基本单位的传播力量被激活。人与技术和媒介的互嵌与互构，技术意义嵌入人的身体，开始成为国际传播中的"终极媒介"[1]。同时被技术穿透"浸润"的身体，达成了心智、身体与环境三者合一的具身性传播，并与机器、平台、算法等共同搭建了国际传播的话语景观，使人身在内容中，本身即为内容，让传播内容看得到、看得下去、看得懂，深刻减少编码解码过程中的差异。

另外元宇宙也带来了国际传播格局"自上而下"到"自下而上"的转变，以民族国家为主体的国际传播摆脱了职业外交家的束缚，大量非精英主体参与到全球传播的叙事中，传播主体下沉，公众的交往行为也开始作为重要的传播内容存在，草根式对外传播的模式达成，传播话语得到释放与再分配。

2. 从"人际传播""大众传播"到"大众人际传播"

"人际传播"与"大众传播"在传统意义上的传播学领域一直处于一种二元对立的态势中，这种态势并非恒定不变，它伴随着新技术的出现而式微。元宇宙的出现在一定程度上融合了大众传播和人际传播的要素，使得在元宇宙语境下划分"单向/双向""同质/特质""中介/非中介"的标准变得不再可行[2]。元宇宙的数字拟态让很多个性化、隐私化的内容变成数据意义上完全公开的活动。传播者在这种默许的环境中意识到自己的谈话或行为表现可以被他人所观察时，这种交流行为本身可能也会发生一定的改变，形成"大众人际传播"形态，在这种形态下其具备着个性化程度高、可及性强的特征。

---

[1] 沈峥嵘，王瑜婷. 新闻游戏，沉浸式交互中构建国际传播新路径 [J]. 传媒观察，2020(11):81-87.

[2] 韦路，秦璇. 国际新闻传播研究的新概念、新理论和新模型 [J]. 当代传播，2020(3):11-17.

"大众人际传播"带来的影响不是孤立的，它使传播过程形成旁观者效应，这些旁观者虽然被排除在当时当地发生的活动外，但借由元宇宙带来的时空压缩工具，使"人类行为的结果延伸到那些不直接参与其中的人"变成虚拟语境下的真实在场。对于国际传播而言，伴随元宇宙而来的"大众人际传播"与"受影响的旁观者"给对外传播的叙事方式带来了更多的可能性。

3. "去中心化"的结构样态

元宇宙正在促使社会关系从彼此互动的地域性关联中进一步脱嵌，极大扩展着时空延伸的范围，将地方性和全球性因素以前所未有的方式联系起来，帮助个体、群体、机构和国家跨越地域化情境建构更为去中心化的社会关系[1]，突破二元结构思维和文化等级观，强调多元主体"共生共荣"。元宇宙下的各类社会权力主体都处于全球性的相互依赖中，地理意义上的边界逐渐淡化，私域和公域的界限也变得模糊，带来了权力关系变迁的去中心化传播场域与传播模式，形成了全新的社会信息权力结构样态。

（三）辐射与影响

1. "跨域共同体"

互联网在创建之初便内嵌了建立话语共同体的意图，元宇宙在互联网的基础上带有更多的主体包容性。技术的加持下，人们在沉浸式的媒介体验中自主构建自我的虚拟角色，这种角色特征跨越性别、容貌、语种、种族和肤色，超越文化偏见，达成在虚拟空间内共享身份和命运，这在很大意义上磨平了文化差异和身份认同区隔，有助于全球社会道德下平权的达成。使得在文化传播中，消除建立在"刻板印象"上的国际形象，减少文化折扣，让人们在沉浸虚拟中共建超越语言和文化差异的话语共同体。

---

[1] 韦路. 构建互联网时代的城市国际传播新格局[N]. 成都日报，2021-12-08(7).

人类命运共同体理念立足于信息传播媒介高度发达的全球化语境，提供了关于当前和未来人类生存状态的深刻洞见，其中一个重要维度，就在于文明的交流互鉴、和谐共生[1]。元宇宙塑造下的虚拟场域汇集了来自多元文化环境中的行动者，他们可能来自世界各地和不同的文明范畴，但在虚拟场域中实现了共同在场。他们在虚拟场域中的文化实践带来了文化符号的流动和意义的传递，为跨越文明的交流互鉴与和谐共生提供了新的机会和可能。

2. "自治联合国"

随着元宇宙的技术成熟，将带来的是与现实世界平行的虚拟空间。当虚拟与现实交织到一定程度，全球治理体系在技术的搅动中，赋予权威祛魅，国家在数字层面与实体层面的涵义区隔消失，逐步形成"去中心化自治组织"的概念。同时，时空区隔的分离，社会政治内涵开始由地缘政治向技术政治转变，话语权重新分配，改变原有政府单一主体模式与样态，国家形态存在被解构成虚拟联结下的"自治联合国"的可能[2]。国际传播在这种语态下，深耕技术领域的同时也要警惕技术霸权主义。

三、联结世界：对外传播下虚拟场域对话的行动准备

从当下的想象里，元宇宙以无界传播为终点将社会推延至远方。在这个漫长的过程中，国家、社会正以一种自下而上、去中心化、泛传播的虚拟世界主义模式而连接起来，逐步消弭符号与意义、内容与形式、时间与空间、

---

[1] 周宇豪，杨家明. 电竞场域中虚拟资本符码转换逻辑及其对构建国际话语体系的启示[J]. 郑州轻工业大学学报（社会科学版），2021,22(1):65-76.

[2] 白云怡，任重. 元宇宙将如何影响国际政治[N]. 环球时报，2021-12-14(7).

虚拟与现实的界限。这仿佛带来的是对外传播界限的消解与概念的消逝,但这终究归于社会的想象。于当下人而言,能动的社会实践才是社会存在发展的核心。基于此类"想象的共同体",我们应该如何做好准备拥抱未来,如何在对外传播中顺势而为、乘势而上,成为了摆在人们面前的问题。

(一)理解媒介,认知未来

随着物质社会的前行与技术成熟的驱动,"虚构"这个一直作为"人类文明的底层冲动"逐步被想象力释放。虚构的未来媒介与当下的互联网实质上并没有本质的割裂,"从人类敲下第一段字符时,虚拟世界就已经存在了",而元宇宙作为此刻更加像虚拟的虚拟,成为了未来互联网应用形态,也形成了未来媒介的新想象。达成对人类想象中元宇宙的理解与认知,是人类迈向未来最关键的一步,理清是什么、想要什么,才能在编辑世界的社会实践活动中掌握主导权。于对外传播而言,传播主体首先要做到深刻理解未来媒介的发展趋向、形式特征、内容意义,适应技术动因下旧社会情境的坍塌与新社会情境的建立,推动虚拟场域下的媒介传播效果,跨越物理世界和虚构世界,达成传统地域语境下的种族与种族、国别与国别间的美好连接,以更优雅从容的姿态迎接元宇宙社会的到来。

(二)以技术为基点,构建话语体系的先决原则

人类社会经历了农耕文明、工业文明,终于在 21 世纪迎来了数字文明时代。回顾人类历史上国际传播每一次的深刻变革,都有着技术动因的影子。从某种程度上讲,国际传播的发展史就是一部人类技术变革的演变史,技术的迭代带来了传播基础设施、信息传输速率、社会沟通情境的改进与升级,这些对于国际话语权力都有着绕不开的影响。技术代表着国家发展的硬实力,具备改变全球传播逻辑的重要意义,元宇宙作为以技术为

主要命脉的信息系统，在变革当前的全球治理体系的同时，也在颠覆原有权力的平衡，推动着技术权力的战略竞争超越传统意义的地缘政治体系，带来技术政治的时代。在技术实力逐渐赋权的当下，对外传播需要在根本上借助技术实力搭建新的话语体系，以科技共同体、命运共同体为理论先导，架构更适宜中国语境的社会规范和价值编码，塑造国际治理新格局。

另外需要注意的是，技术带来的全球话语治理变革是一个渐进式的博弈过程，根本目的在于搭建更加自由、平等、共生的社会生态，形成"惟德动天，无远弗届"世界价值体系，要避免技术霸权主义的倾向，避免落入数字威权主义的"威胁论"话语陷阱[1]。

（三）培育多元化的对外传播主体，打通点对点传播

虚拟空间带来的参与式叙事推动着国际传播体系中的重要节点与组织结构的不断修正、重新表达和再分散，改变了传统国际传播模式下普通个体"被代言""被叙事"[2]的逻辑状态，国家叙述的一元面向开始向异质多元转变，数字革命赋权多元个体，传播主体中"人"作为个体的社会力量提升。公民外交时代在虚拟空间的助推下加速到来，"千人一面的公式化传播时代已经过去，人人皆是形象与风景"[3]，在新的媒介情景下对外传播中要着重培育多元传播主体，发挥个人精准传播与草根传播优势，由点及面，使多主体传播的鲜活力量充分涌动，创造多样生动的传播场景，让"全民性"与"多元化"成为未来多主体参与塑造个性化、生动化、真实

---

[1] 李鲤.赋权·赋能·赋意：平台化社会时代国际传播的三重进路[J].现代传播(中国传媒大学学报)，2021,43(10):60-64.

[2] 周翔，仲建琴.智能化背景下"中国故事"叙事模式创新研究[J].新闻大学，2020(9):79-94+122.

[3] 钟新，令倩.全民外交：中国对外传播主体的多元化趋势[J].对外传播，2018(9):7-9.

化国家形象的关键词。

（四）中国故事有机融入虚拟现实，搭建临场感叙事场景

元宇宙弥合时空距离的沟壑，带来的是"身临其境"的、沉浸式的、诉诸人类共通感官的媒介体系，为跨文化传播带来共同在场的全新融通道路。在对外传播的过程中，应当把握这一特征，将"独白线性"以及"对话拓扑"思维方式向"在场升维"的方式转变。通过从"独白"到"对话"再到"在场"，以形象立体的方式促使传播内容可触可及。中国话语在向外传播中可借元宇宙发展之势而为，以沉浸式内涵融入和逼真的社会场景展示的中国故事，自然而然地内化中国文化背景，以生动的媒介互动形态，达成传受双方的共同叙事，潜移默化地影响全球文化价值与社会意识的共建。

第十二章
元宇宙时代传播学研究范式的转型

【章节导读】

元宇宙时代人工智能等技术的发展不仅带来了结构性、生态型的媒介环境改变,铺垫了"元宇宙"兴起的算力基础,也在加速我们对新媒体现象和人类生存环境的反思,带来一种认知与实践上的"范式与革命"。新闻传播学科关键性的核心路径以及具有带动性的突破点,一方面在于人的研究,即从社会动力学的视角,研究瞬时传播与认知神经科学技术的结合,从小样本实验数据的循证研究,真正找到关键要素之间的因果联系;另一方面,在于社会治理再组织化的研究,即从元宇宙、云计算、大数据、人工智能的视角,以大样本计算网络数据的挖掘与分析,在现有的传播学研究手段之外,将行为预测与传播效果测量放置于社会网络语义分析的群体之中,探索虚实空间中人的瞬时效果的情感认知加工,以及身体在场的自主神经活动研究范式,带动新闻传播学科理解"媒介——人——虚实空间"及其三者之间关系的研究方法群的建设。

// 第十二章 // 元宇宙时代传播学研究范式的转型 //

元宇宙时代，人工智能（AI）、区块链（Blockchain）、云计算（Cloud）、大数据（Data）、虚拟现实（XR）等"ABCD+X"诸多科技的快速发展，不仅仅带来了结构性、生态型的媒介环境改变，铺垫了"元宇宙"兴起的算力基础，也在加速我们对新媒体现象和人类生存环境的反思，带来一种认知与实践上的"范式与革命"。在数字革命的时代，技术的发展日新月异，而每一次的变革都在推进新闻传播行业的发展，特别是物联网、区块链等技术的实际应用，将更多的人与人、人与物甚至物与物之间的关系连接在一起，媒介的边界不断被扩大甚至泛化；媒介形态更迭、技术叠加、虚实融合，传播领域的研究范式也在转型逻辑、内在机制与操作路径等方面发生时代性的变革。

一、雅努斯的两面：元宇宙时代传播学科的危机与范式的转变

媒介发展格局、日常数字经验和既有研究范式的"不对称"在传播学研究领域尤为突出。如麦克卢汉所说，新媒体带来了新的环境、新的语法和新的尺度。传统的新闻传播学发展遭遇到转型成长中的困境和危机，从"不知道该搭哪班车，不知道该往哪里去"[1]的困惑到当下的具身与体验、沉浸与交互的多重选择，即将面临范式变革的转折点。

一方面，元宇宙时代新闻传播学面临学科研究问题的转变，即"从媒介为中心转向用户为中心"。传播速率、海量信息、平台经济以及技术兼

---

[1] 崔保国（2002）. 信息时代传播学研究的创造性转变 [M]. 北京：清华大学出版社，165.

容性的增强，使得新时代的网民个体活跃性变强，以用户为中心的传播结构逐渐形成，改变了传统意义上以媒介为中心的研究范式。另一方面，研究对象和研究逻辑的转向，即"从学科导向转向问题导向"。新技术时代新现象、新平台、新代际和圈层用户层出不穷，传统社会结构正在向着微粒化、分布式社会转向，这对于传播学研究范式提出了新的要求。"信息人将成为未来人本主义范式的研究核心，多元方法论将成为未来人本主义范式的研究路径"[1]，促使整个学科的研究动力开始转向以人为本、为问题导向的范式变革。

正如雅努斯有两副面孔，元宇宙时代的受众与研究者，将同时面向过去和未来、虚拟与实在、身体与化身、"我"与"我们"。"新技术正在用虚拟现实取代实际的现实，这不仅仅是一个阶段，而是必然发生的变革。我们正在进入一个拥有两种现实的世界，就像我们有两只眼睛或耳朵来欣赏低音高音一样，也就像如今的立体镜和立体声一样，将会有两个现实——实际的和虚拟的"[2]。

元宇宙时代算法和人工智能技术的高歌猛进，以及未来现实世界与虚拟世界深度结合而形成的"元宇宙"构想，对于包括新闻传播学在内的各其他领域产生了正面的外部效应，为传播学研究范式的转型提供了丰富的数据"百宝箱"。人工智能与未来媒体是元宇宙时代新闻传播发展的趋势，社会科学包括传播学在内正在进入一个黄金时代，其标志是新的数据和分析方法的爆炸性增长。人工智能颠覆了传播发展的新模式，也为传播学研究领域带来了新的课题；智能技术与各环节融合，并催生了新的传播业态，这不仅重塑人们的交往场景和传播

---

[1] 胡翼青（2004）.传播学学科危机与范式革命[M].北京：首都师范大学出版社.序言.
[2] 于京东（2021）.元宇宙：变化世界中的政治秩序重构与挑战[J].探索与争鸣，12: 42-53.

行为,也对于人的行为协同、信任机制、生存方式等,都产生了新的要求。

万物互联,机器取代社会个体成为信息网络节点,多源数据和复杂算法取代传统的人成为网络化、扁平化的各个节点权力的赋权者和赋能者,虚拟化身成为"第二人生"中的所指。随着信息传递将更加短程化、信息接受更加沉浸化,深度伪造和数据足迹隐私也成为"算法渗透的社会"(algorithmically infused society)中威胁人的主体性的隐忧。因此,新闻传播学院范式转型与跨学科协作,需在挖掘数据趋势和模式的同时考虑算法背后的假设,让算法所有者承担更多的社会责任;构造新的度量模式,通过因果模型的判定对于未来的新闻传播趋势进行有效的解释和预测。

二、学科范式转型的理论逻辑与内在机制:主体认知与技术生态的复调

(一)以人为本:元宇宙时代的虚实交互、人机协同与传播学研究对象的主体性变革

在数字与 AI 技术的加持下,机器生产内容(MGC)崛起,机器成为不容忽视的传播主体,各种可穿戴设备、传感器信息传播已经成为基本现实,不仅仅"物"成为外化于人的传播中介,人与物、物与物的互联也出现了新的传播形态。从生物克隆、脑机接口再到基因编辑,人与机器的深度融合共生已经成为不可逆的趋势,技术已经实现了对人类肢体的拓展到对神经系统以及意识层面的延伸。在此过程中人工智能同样扮演着一种"主体性"的角色,在不同传播目的与程序框架下,能够以具身化的形式

自主处理整个传播过程中产生的信息。

在社会动力学视角下，传播学的研究对象是在无序的传播模式下信息的演化规律，旨在探究自然分布的个体如何通过内在联系和外在客观条件的干预，最终形成规律化的分布。传统概念下的人际传播强调的是能动个体之间的信息以及精神交流，依靠的是身体在场以及表情、肢体符号、语言词汇的编码与解码。机器拟人化、智能化的发展趋势，丰富了技术中介性的人际传播，拓展了人际传播的范畴，人与机器之间的交流更具备在场感。

数字技术基础上的"元宇宙"构想，基于扩展现实技术提供沉浸式体验，以及数字孪生技术生成现实世界的镜像，通过区块链技术搭建经济体系，将虚拟世界与现实世界在经济系统、社交系统、身份系统上密切融合，并且允许每个用户进行内容生产和编辑[1]。在元宇宙研究中，元宇宙（metaverse）、虚拟世界（virtual worlds）和第二人生（second life）是三大热点关键词[2]，这些趋势会形塑人类思想行为新特点，表现为"感觉集合下向外探索与向内卷入的博弈、心流体验下沉浸性与沉沦性的对垒、心理补偿下平和性与偏激性的角力、目标投影下奋发性与臆想性的争夺、信息群聚下创新性与依赖性的较量"[3]等等。

因此，这也意味着传统意义上的"以人为本"，即以"人"为研究对象主体的学科意识已经不再适应当下社会的发展。元宇宙时代，"身体"的概念重新入场，虚拟现实和万物互联的场景下，还需要考量包括人工智能、机器、化身在内的各类传播主体，重新审视智媒时代下传播主体所发

---

[1] 清华大学：2021元宇宙发展研究报告.
[2] 李杰（2022）.元宇宙的科学计量分析[J].科学观察.
[3] 蒲清平，向往（2022）.元宇宙及其对人类社会的影响与变革[J].重庆大学学报（社会科学版）.

生的变化，辨析"主体的身体化"与"身体的主体化"[1]，探析借由人造物为中介的人际传播过程中，情感与认知的加工机制，明晰人机协同共生的过程中，传播学研究对象面临的种种变革。

（二）媒介生态：数据和算法的全面渗透导致社会权力结构、连接模式及其测量方式的变化

信息通过影响公众的认知方式支配公众的决策行为，形成了一种新型权力革命。"权力意味着人类主体之间的关系，在生产与经验的基础上将某些主体的意志加在其他人身上"[2]。这是一种观念体系的建构，也是在社会行为与思想引导上所形成的判断标准。在前互联网时代，社会的信息资源配置权是一种自上而下的组织形式，大部分依附在传统媒体之上。而在互联网发展的"下半场"，在整个社会的媒介化重构中，传播权力实现了自下而上的转移，权力主体可以是组织也可以是个人。技术不仅能够赋能赋权赋义，其本身就意味着对传统权力模式的替代。"在一个媒体和代码无处不在的社会，权力越来越存在于算法之中"[3]。算法作为"非人类行动者"与人类的社会活动共同编织成了新型关系网络，让社会权力进一步下移到每一个微粒个体，也因此为传播学研究增加新的议题。因此，在大数据算法为行动者赋能赋权的社会结构下，传播要素之间形成了怎样的权力格局、对社会连接模式产生了何种影响、这种影响应该如何进一步精确测量，也是未来重点要研究的问题。

---

[1] 周志强（2021）.元宇宙、叙事革命与"某物"的创生［J］.探索与争鸣，12: 36-41.

[2] 曼纽尔·卡斯特（2006）.网络社会的崛起［M］.夏铸久，王志弘，等，译.北京：社会科学文献出版社.

[3] Lash, S. (2007). Power after hegemony: Cultural studies in mutation? *Theory, Culture & Society*, 24(3), 55-78.

技术的迭代对社会结构变迁的影响已经成为业界和学界必须面对的重大议题，它以全新的架构模式树立了传播领域的里程碑，不仅带来了全新的信息革命，也拓展了传播学研究的议题，助推研究范式迭代升级。从口语传播时代到文字传播，再到电子传播以及智媒时代，信息传播方式的革新塑造了媒介新形态（media morphosis），给与人类多重感官通道的新补偿，也对传播效果的测量提出了新的要求。纵观传播学发展历程，其融合了心理学、社会学、系统科学以及人类学等交叉学科的背景。在元宇宙时代，以 XR 为形式的新型媒介平台的崛起、人脑感知的瞬时效果以及大数据算法所带来的复杂网络连接，也是传播学亟待关注的议题。

三、传播学范式转型的操作路径：构建多元研究方法群

新闻传播学科顺应当下媒介社群生态从自组织到再组织的发展趋势，需提出新的研究范式，拥抱跨学科的前沿研究工具、手段、方法，实现研究范式存量的配置转型，以及增量的突破创新，从而推动整个学科发展结构性的改变。

（一）认知神经科学实验法拓展瞬时效果测量

新闻传播与认知神经科学范式的融合，在瞬时效果层面提供了生理心理测量的"工具箱"，在人与人之间连接与同步性、多通道大众传播等领域丰富传播学的研究成果及其实践应用样式，拓展了传播效果研究在时间和空间层面的深度和精度。"瞬时效果—中期效果—长期效果"的研究框架转向，更加适宜对于传播效果进行多层面多阶段的统合分析。

传统的传播学研究方法主要沿两个维度展开，其一是考察信息本身

产生的效果，也就是"说什么"与"如何说"对受众认知、态度及行为的影响，其二是考察信息传递过程中影响传播效果产生的调节变量和中介变量[1]。这些研究多集中于中观和宏观层面的效果测量，很少有研究从微观的角度来分析受众处理加工信息内在机制。问卷调查法、内容分析法、访谈法依然是传播学中主要的研究方法，这些研究方法在元宇宙时代仍然有很大的应用价值，但是面对动态化、复杂化的社会网络，这些传统方法已经难以完全解释当下的新媒介环境中所产生的问题。"不管调查问卷的效标有多么客观，最终仍然是经过大脑加工处理以后的判断，实际上很多需求来自前期的信息加工处理，而认知神经和传播学的结合则改变了这一困境[2]。

此外，传统意义上对于传播效果的评估，主要采用事后的感知调查，询问态度、意愿等，多采用自我报告的方式，这类传播效果的反馈，一方面无法获得受众在媒介使用或媒介接触过程中的即时状态与瞬时心理加工活动，另一方面，从生理心理学角度来看，量表测量获得的是研究对象的信息主动控制加工，而并非信息自动加工过程，但后者才更接近于日常真实状态下的受众媒介知觉与反馈。在元宇宙时代，传播信息更加迅疾化、场景更加碎片化，因此瞬时传播效果和反馈的状态，以及受众的瞬时信息加工机制、随着媒介技术和内容呈现而"流动"（flow）的生理心理特征和认知规律，都是转型时期研究受众传播效果所首先需要观照的问题。

脑电、眼动以及多导生理记录仪等设备，能够直接观测到人的脑电活动、视线轨迹或皮肤电、心电的活动信号，直接研究媒介作用于人所产生

---

[1] 喻国明，欧亚，李彪（2011）.瞬间效果：传播效果研究的新课题——基于认知神经科学的范式创新[J].现代传播（中国传媒大学学报），3: 28-35.
[2] 田银，徐鹏（2020）.脑电与认知神经科学[M].北京：科学出版社.

的瞬时效果，还需聚焦探究认知神经科学技术应用于传播学问题的解决，在具身体验的沉浸场景中测量人脑认知的瞬时效果，探究公众对媒介以及内容做出的反应，究竟是一种有意识的外显活动，还是内隐机制下潜意识的作用结果。认知神经科学，特别是脑机制和自主神经活动的研究，可以更精确地描述传播潜意识心理[1]，更客观地测量传播效果，形成可以相互比较、相互参照的实验数据积累，从而开拓具有实验数据基础的新闻传播学研究新范式。

目前基于认知神经科学的技术手段，开展视觉、听觉以及多感知通道这三个层面的研究。第一，关于视觉加工机制的认知神经传播学研究。视觉知觉（visual awareness）意识作为大脑内部神经活动的产物，一直是哲学、心理学以及传播学等领域不断探讨的问题，也是实验研究积累最多的一个分支，指视觉的主观体验[2]。第二，关于听觉加工机制的认知神经传播学研究。声音是人类传播最早的媒介，声音符号汇总了自然界和人类生活的内容，形成复杂的符号系统与组合规则，还包括丰富的听觉性非语言符号。第三，关于多通道感知的认知神经传播学研究。多通道感知是智能视听领域前所未有的变革，如何在媒介中运用多通道组合信息提升用户体验质量，构建多通道感知信息的用户体验的评价体系，是当前传播实践中亟需解决的问题。

（二）计算传播学视域下的仿真、分形与预测

麦克卢汉认为，每一种新技术的诞生都会创造出与之相匹配的环境，

---

[1] Wiles, J., Dartnall, T. (1999). Perspectives on Cognitive Science, Volume 2: Theories, Experiments, and Foundations. New York: Praeger Publisher. 221-237.

[2] 李奇，耿海燕（2018）. 视觉意识的认知神经科学研究进展 [J]. 自然科学进展，(11):1211-1219.

第十二章 元宇宙时代传播学研究范式的转型

"环境不仅是容器，而且是使内容完全改变的过程。新媒介即新环境"[1]。元宇宙时代，未来媒介环境进一步向复杂媒介生态的方向演变，从复杂化媒介生态的视角出发考察媒体治理方式将成为媒体治理的主要路径。5G信息化和物联网的发展也带来"不对称"的问题，即主体泛化所带来的信息冗余与治理能力之间的不协调、大量的边缘数据与机器处理能力之间的不匹配，这些问题难以依靠传统范式来解决。大数据并非是单一维度的运行机制，而是以复杂状态遍布于人、物以及机器深度耦合的三元世界中，以极快的速度更新变化。如若要全面掌握处于动态变化中的数据网络，则需要建立起以人、物以及机器融为一体的智能系统，来实现多维世界的联动与整合。正如梅罗维茨在媒介场景理论中的描述"对人们交往的性质起决定作用的并不是物质本身，而是信息流动的模式"，即场景的概念已经突破了人们身处的物理空间，它也包括媒介信息所营造的行为与心理的环境氛围。

此外，后真相时代下的网络谣言以及网络空间治理模式的更新也是新闻传播范式转型要观照的问题。在以人为主体的把关人式微的背景下，在多中心化的媒介生态环境下，以数据为基础的仿真建模，能否建立起宏观媒介环境和微观治理主体之间协同化、多层次和立体化的网络信息治理系统，对于谣言发展的不同阶段建立针对性的治理机制，打破各个传播要素之间的信息壁垒，也是探索传播学研究范式转型以适应社会治理的新需求。

行为分析法主要是结合调查法以及行为实验法，运用问卷测量或者实验控制来收集受众主观填写的数据，以此来推测人的行为动机或者预测行为方向。问卷调查法在不给受试者施加任何刺激的情况下，就某些问题要

---

[1] 马歇尔·麦克卢汉（2016）.指向未来的麦克卢汉[M].何道宽，译.北京：机械工业出版社，66.

求被研究者回答其想法，以此来比较分析群体的态度、价值观以及心理倾向等差异。以大数据、高算力为基础的计算传播学，探索传播学可计算化的基因，以复杂网络仿真建模、传播网络分析、传播文本挖掘为主要分析工具，大规模地收集并分析人类传播行为数据，挖掘人类传播行为背后的模式和法则，分析其生成机制与基本原理[1]。从研究情境来说，大数据智能算法在观测"时间粒度"（time resolution）上可以实现全天候、精细化的用户网络行为追踪。在洞察传播现象、分析传播机制的基础上，有助于对元宇宙时代受众行为相关趋势进行预估和研判，提出具有解释力的新概念和新模型，通过仿真、分形和建模，对未来进行预测和趋势判断。

四、立足元宇宙时代传播学发展的关键把握学科范式的革命

正如波斯特所言，新技术的迷人之处就在于它的不确定性，或者说"没有获得足够的确定性"[2]，充斥着旧秩序与新形态的混合、进步表象与人文基础的张力、狂飙突进的"元宇宙症候"与传播学"怀乡病"的糅杂、断裂与进化的碰撞。

技术的进步相应地带来了学科研究议题的变化，也因此对研究范式提出了新的要求。本文立足于传统学科发展面临的危机，从社会结构、研究对象以及研究范式的转变三个维度，探讨目前传播领域关键性研究议题的变化；提出进一步深入厘清传播学研究范式转变的核心路径，从社会心理

---

[1] 张伦（2020）.计算传播学范式对传播效果研究的机遇与挑战[J].新闻与写作，(5): 19-25.
[2] 马克·波斯特（2010）.互联网怎么了[M].易容，译.开封：河南大学出版社.14.

学、社会动力学以及媒介生态学的视角，探讨元宇宙时代以人为本的研究逻辑、人机交互的内在驱动以及社会治理的行动路线；最终落脚于具体的研究方法与操作方向，结合行为分析、认知神经科学以及计算传播学等交叉学科研究范式，从理论探讨落实到到实践操作，回答元宇宙时代研究范式的转型逻辑与内在机制。

首先，从影响因素层面来看，需要探讨元宇宙时代传播学研究范式转型的外生变量和内生变量。从物质性、可供性和复杂性理论视角，系统反思媒介技术和格局变迁在现实和虚拟空间交互生成的新经验，以及打破新闻传播学原有研究方法背景前设的新路径。从外生变量来看，元宇宙时代虚拟现实、人机交互、算法为媒已经成为新闻传播领域不可忽视的现象，研究对象的拓展推动新闻传播学研究范式边缘的突破；从内生变量来看，跨学科交融成为新闻传播不可阻挡的趋势，前沿的技术、方法和工具成为推动传播学研究范式转型的助力器。而传播学研究范式最终落脚点，依然是在于对于人、人与技术以及人与社会关系的洞察。

其次，从路线层面，在元宇宙时代媒介变革已有实践的基础上，需要整体把握研究范式转型的关键支撑点，以及与新媒介、新传播、新场景、新范式相匹配的学术研究手段。针对传播学现有研究对因果关系和预测的需求，以元宇宙时代的媒介变革与社会变迁为基础；进而探究传统的控制实验、小样本问卷调研和内容分析等传播学研究方法的时代转型；最终提出以认知神经传播学、大数据计算传播学作为传播学研究范式转型的对象和方法的创新。

最后，从实践层面，探索新闻传播学研究范式实现存量变革与增量创新的进路，探询传统范式到新范式的转型，以及两者之间的结合。新闻传播学科的新工具、新方法，在因果关系、预测等研究方面具有强有效的优势。虽然新旧范式之间具有不可通约性，但是方法与方法之间还是可以找到最大公约数,从而真正做到范式转型,服务于学术共同体、媒介趋势变迁与社会实践。

因此,新闻传播学科关键性的核心路径以及具有带动性的突破点,一方面在于人的研究,即从社会动力学的视角,研究瞬时传播与认知神经科学技术的结合,从小样本实验数据的循证研究,真正找到关键要素之间的因果联系;另一方面,在于社会治理再组织化的研究,即从元宇宙、云计算、大数据、人工智能的视角,以大样本计算网络数据的挖掘与分析,在在现有的传播学研究手段之外,将行为预测与传播效果测量放置于社会网络语义分析的群体之中,探索虚实空间中人的瞬时效果的情感认知加工,以及身体在场的自主神经活动研究范式,带动新闻传播学科理解"媒介—人—虚实空间"及其三者之间关系的研究方法群的建设。

第十三章
未来已来：虚拟人、元宇宙及主流媒体的发展

【章节导读】

　　未来已来。对于媒体产业，展望当下虚拟人、元宇宙及主流媒体的发展，我认为要着重关注三点：好的内容和内容范式的建立；下沉市场的开发；对传播机制、传播法则、传播模式作为各行各业底层逻辑的重视。

一、虚拟人的开发：个性化程度普遍不够，缺乏对于关键性问题的深度研发

数字虚拟人，是眼下数字智能化创新发展中的一个新亮点——如同无人驾驶车是整个未来工业链条中的一个龙头一样，虚拟人也将成为未来传播发展中的一个具有龙头意义的带动点。现在虚拟人的技术手段越来越成熟，如可以控制的面部的微表情有 300 多种，脸部肌肉、动作姿态的模型寻迹都发展迅速，包括虚拟人的皮肤毛孔的真实程度，现在已经可以达到 8K 左右。

换言之，虚拟人的第一阶段技术（形似阶段）已经比较成熟，目前已经处在批量推出的阶段，但是一个突出的问题是，虚拟人的个性化程度还远远不够。也就是说，现在的虚拟主播还是"肉喇叭"，只是后台内容简单的传达者。它的处理只是音调、面部表情、动作姿态的处理，并没有利用人工智能对内容形成任何意义上的自我处理——给它什么文本，它就按什么文本去读。因此，它没有太多情感，只适合表达比较客观的新闻或资讯。如果碰到一些比较有感情色彩的内容，如某人去世了，让它去念讣告，显然就不合适。或者让它讲一件很幽默的事情，也会形成奇怪的反差。

对虚拟人来说，现在还存在两个显著的问题。

第一，当虚拟人对真人的模拟越来越像的时候，观众在心理和认知上反而增强了对它的质疑，这就是认知心理学上著名的"恐怖谷效应"[1]。科学家发现，当机器人是"机器人式的""机械的"样子时，我

---

[1] 恐怖谷效应（The Uncanny Valley），指的是当一个事物与自然的、活生生的人或动物非常相似，但不完全相似的时候，会使一些人产生反感厌恶的情绪反应。恐怖谷效应常用于解释我们在仿真机器人和计算机特效 CGI 中常见的，非常像真人但又总觉得哪里不对劲、使人感到反感不适的现象.

们情绪上会喜欢它们。但是当它们终于获得了人类的外形时，我们的喜爱就会减少，并且开始感觉到别扭难受。我们的喜爱变成了拒绝。像人一样的仿生人让我们害怕。而这种现象就被称作"恐怖谷"。日本机器人学家森政弘的恐怖谷理论的假设指出，由于机器人与人类在外表、动作上都十分相似，所以人类也会对机器人产生正面的情感，直至达到一个特定程度，人们的反应会突然变成对机器人反感，哪怕机器人与人类有一点点的差别，整个机器人都会显得非常显眼、刺目，显得非常僵硬、恐怖，让人有面对行尸走肉的感觉。这一问题光靠技术解决方案是无法解决的。我们要通过脑电、眼动等认知神经科学的测试来判定，通过测试来建立人类的认知模式，解决心理上的形似与接受的问题；其后还会有"人格"上的一系列研究和测试，这样才能把握对人的模拟数字化的进程和算法，真正做到对于人类心理意义上的仿真度的提升。

第二是虚拟人的表达问题，这个复杂程度就很高了。现在的算法再加上现有的数据库支持，只能处理日常情况，因为日常语料已经很多，通过对这些语料算法和人工智能的采集分析之后，已经足够形成它的表达逻辑，它可以根据各种各样的外部情况做出随机反应，这个技术相对来说比较成熟了。但是要回答特定的专门问题，还需要有大量专门语料库支持表达逻辑，并且对于社会性的问题而言还要有一个表达立场和价值观的问题，要有一个风格化、个性化的"人设"。这些跟现场测试以及相关指标的模型化、算法的跟进是联系在一起的。此项工作的难度是极大的，进程是比较漫长的。

就数字虚拟人目前遍地开花的现状而言，我们必须指出，人们对于相对普及化的通用技术快速应用、跟进和模仿，但对于需要投入较长时间和较多资源解决的关键性问题却往往视而不见。大家都把它们作为时髦的事物来对待，且满足于此，没有自己的独特性开发。这就如同我们团队在 2007 年就做了一套网络舆情评测研判的指标体系，但在当时并没有注册专利。现在，各个地方所做的舆情评测，其指标构成和研判逻辑都是十几年前我们研发的那些，很少有自己专用的数据库。这就使目前舆情研究的水平长期停滞在一个比较初级的水平上，并且不同的舆情研究机构的水平和能力都"差不多"。例如，假定你是个企业管理者，进行市场洞察和用户洞察要有专门的数据来支持，以便把颗粒度比较粗的东西变得更细致，能有更多的解读。如果没有专用数据库，你得到的东西就会大而化之。在这种情况下，其结论到底有多大的价值？当然就很低了。

当下，中国社会科学研究日益交叉，社会现象渐趋复杂，我们必须要有深度的智力投资和资源投入，才有可能在复杂的情况之下，相比别人把握更多。

二、元宇宙的发展

目前元宇宙仍处在理论假设、逻辑"画饼"的"神仙会"阶段，中国在元宇宙未来的发展上拥有两大优势。关于元宇宙的理论与应用研究，我认为对以下几个层面有所认识和把握是最为重要的。

1. 元宇宙是一种全新的文明形态

元宇宙并不是一项技术，也不是一种媒介，它是媒介的集成、技术的集成，以及通过上述集成来打造的一个高于现实、更具想象力、有更高自由度的类似全真互联网的生态系统。其中既有经济系统，也有文明系统、规则系统，更有丰富多彩的实践场景和特别多可玩、可体验的东西。本质上，元宇宙是继原始文明、农耕文明、工业文明之后，作为数字文明发展的一种全新的文明形态。

2. 跨界连接是元宇宙发展的第一要务

未来传播的发展中，必须要在连接、协同当中，才能有更多场景化的价值实现。"山中方七日，世上已千年"，互联网发展的速度是很快的，但是移动互联网出现之后，虽然也有区块链、VR/AR、深度伪造、大数据、算法等技术出现，但都是单兵突进、单打独斗，其在作用发挥、价值实现方面都遇到了巨大的瓶颈问题。在此情势下，连接整合就成为一种未来发展的巨大需要，横向的跨界连接、协同和互动就成为创造新价值和新功能的主流方式。

这实际上是元宇宙给我们带来的一个发展逻辑上的新面向。过去我们总是在一项技术上深度开发，好像越专业越好，现在发现这项技术和那项技术的结合才是创造新价值和新功能的主要方式。实际上，横向的连接、破圈、协同、激活，可能成为未来媒介的机会所在和角色所在。这是特别重要的发展潮流。

那么，如何实现连接、破圈、协同和激活呢？

就现阶段的发展而言，目前的这种连接、破圈、协同和激活都是以场景化的方式操作的，即针对一个具体场景的需要而聚集与整合实现的。例如微课堂，其初衷是把更多的教育资源分享给边远地区的学生们。但是光靠它单兵突进能够实现其目标吗？2019年我们在四川某地做过这方面的研究。我们发现，一流的教育资源到那里看上去是实现了教育资源的公平分配，但事实上效果并不如人们所预期的那样：它的"贸然"闯入一下子打破了当地原有的文化生态、教育生态——那个地方教师的水平跟一线城市特级教师之间有巨大差距，因此令当地的孩子们突然觉得，过去那些令其敬畏的每天见面的老师变得相对不再优秀；而那些教师也感觉到自己的颜面与威信扫地，在孩子面前抬不起头来。但是须知，一个教育的完成，仅靠互联网把课堂投放到那里就能解决吗？显然不是。孔夫子还讲过"学而时习之，不亦说乎"——它还需要交流、参与、互动和体验。这能靠线上老师手把手地教你吗？那是不可能的，这就需要当地老师来协同。因此，当一种好的教育资源进入一个地方，这些教师也应该有事先的岗位培训和责任分工——哪些东西由线上来讲？哪些东西由你来做？你需要具备什么样的知识和技能，才能去合作完成这件事？我们所做的相关的认知实验项目显示，线上有线上的特点，线下有线下的特点，必须要有整体考虑和相互协同。怎么来进行协同？做传播的人，或者用传播模式就能形成这种协同——打破它们之间的疆界，再在这种打破当中，用一种新形式把它们再组织化。其实任何一种资源的重新分配，都是过去权力的分散与解构，这对原有体系来说是一个去组织化过程。但是更为重要的是，还需要一个再组织化的过程。而这个再组织化过程，其实就是一个全新模式下的连接整合的过程。

3. 目前元宇宙的讨论中概念大于实质是一种符合新生事物发展规律的呈现

如同一切创新概念的出现一样，元宇宙的发展现状肯定也是这样的，这是符合规律的。一个新技术、新概念甫一出现，人们对它有很多想象，有些是基于逻辑的，也有一些属于人之所欲的狂想。

在我看来，元宇宙的热潮中毫无疑问是包含着巨大的泡沫的，但也是一种必然。一个概念、一种新事物，它关联的事物越多，对现实和未来的影响越长久，能够解决的问题层次越深，它所引起的社会泡沫就越大。它卷动的资源越多，就越说明它击中了社会绷得最紧的那根弦。毫无疑问，对元宇宙概念本身讨论的热烈程度，跟这个创意产生的社会共振是紧密相连的。如果一个话题提出后大家无动于衷，就说明它跟现实的关联度比较小。元宇宙就是这样一个引发人们巨大想象力，并且与互联网发展的方方面面都能挂上钩，进而能够让人们在某种程度上对它抱以期待的全新事物。当然，刚开始的时候，由于人们发挥想象力时是在自己的逻辑线上狂奔，自然会超出现实的技术、现实的社会、现实的规则。这很正常，就像我们有好的创意一定要有头脑风暴的"神仙会"一样，"神仙"还管这个东西能不能落实？这是一个展开自己思想疆界跑马驰骋的过程。目前元宇宙在很大程度上还处在这一发展初始阶段。

但是，当要真正落实到它的实际功能、形成价值闭环的时候，就会涉及从"软件"到"硬件"的方方面面，包括技术成熟不成熟，这个技术和那个技术之间衔接协同的能力怎样，社会规则是否允许等。技术对社会是有改造的，但是社会的选择也对技术以什么样的方式和形态落地有反作用。技术跟现实之间的互构，就像两个人谈恋爱，其实是彼此之间互相适应的过程。

4. 中国在元宇宙发展中的两大突出优势

元宇宙落地或许从政治文化和制度层面的角度来看，在中国发展是有更大的难度的。互联网是一种分布式社会的构造，我们过去的传统社会是金字塔式的科层制社会构造，在这样两个社会转型过程当中，中国采取了一种比较缓进的方式。所以说到元宇宙落地，跟西方发达国家相比，我们相对差一些，我们要完成的转型比人家要复杂一点。

但是中国有中国的好处，我认为主要有两个。

第一就是市场大。在中国，任何一个小创意，只要被人广泛接受，就能形成巨大的市场效应，而且能源源不断地提供市场资源的回馈，这就为技术的发展、产业的发展提供了强劲的、持续不断的造血机能，同时也需要巨大的市场培育过程，也就意味着要花很多很多的钱。

显然，对于新创意的市场培育来说，中国有得天独厚的市场温床。中国人在观念上对新事物的接受度比较高，在行为上也愿意尝试新鲜东西，而接受人群一旦达到一定的数量级，商业价值的实现就成为可能，因此中国可以哺育出丰富多彩的产品或服务创意。

第二，我国用近20年时间逐渐孕育出了一批位于世界前列的互联网企业，并且有5家企业的市值进入到了全球前十的互联网企业列表中[1]。在被称为元宇宙的六大支撑性技术领域——区块链技术、交互技术、电子游戏技术、人工智能技术、网络及运算技术以及物联网技术——美国互联网公司有很深的布局，而我们正在逐渐加大底层技术的研发创新投入，如云计算、芯片、自动驾驶等，在支付、消费、内容等应用层级领域跟美国公司之间并没有太大差距。谷歌前负责人埃里克·施密特2018年曾在Village Global VC的闭门会议上预言，下一个十年全球互联网将主要分成两大部分：美国和中国模式。"中国现在正在按照自己的规模创建独一无二的网络产品、客户效应和市场价值。"[2] 根据《中国互联网发展报告2020》蓝皮书，目前我国5G核心专利数量和AI人工智能专利申请数量均为世界第一[3]。这将为我们推进元宇宙在中国的发展提供强有力的技术保障。

三、主流媒体与互联网公司的合作

一般来说，在常规发展期，"后来者居上"是非常难的，对新技术、新机遇的掌握是有一个"窗口期"的。任何一个机会的获取，都有一个短暂的市场机会，这个特别重要。在互联网发展的下半场，传统主流媒体仍然有一个新的窗口期，即在纵向的、垂直的、专门领域的功能构建、价值形成过程中，即便是互联网大厂公司的巨大的连接效能，也不能顺畅完全地

---

[1] 智研咨询. 2019—2025年中国电子商务行业市场前景分析及发展趋势预测报告．

[2] 互联网模式中国比肩美国，2018-09-26，搜狐网．

[3] 中国北斗比肩美国GPS，核心技术100%国产，2020-11-25．

实现。比如在教育领域，如果没有教育资源的协同配合，以及教育规则的整体互融，互联网公司再强大，能够有效地建立网上教育的新模式吗？答案是建立不起来。这有赖于专属资源被激活、统领、协同，它需要有在这方面权威的、有资源的机构参与，才能真正形成线上新业态。

事实上，在许多传统领域中，互联网大厂其实不占优势，我们的传统主流媒体是有机会的。可问题在于，如果你迟迟不动，还在按照过去的惯例去做，那么即使这个窗口期足够长，互联网公司也可以慢慢用蚕食的方式，逐渐从源头、系统各方面要素进入，形成有自己特色的一种合作、进驻和占有，并慢慢形成自己的运作模式。

其实互联网公司的不断布局，也就是它们"媒介化"的过程，它们在千方百计激活和动员各种资源的线上化整合。当它们慢慢卷动吸收你的能量、资源，能够对你的基本要素进行比较全面的渗透、调动、激活、使用的时候，你的机会窗口就永远关闭了——互联网平台已经能够不依靠你，就可以做自己想做的事情了。

由此可以说，现在是传统主流媒体和互联网公司合作的最好时机。众所周知，目前对互联网的治理力度，应该说是改革开放以来最大的，尤其是合规化的处理，力度是前所未有的。实际上这酝酿着传统媒体的巨大机会，虽然现在并不明显，因为还有一个过渡时期。我反复跟合作的主流媒体说过，如果你想跟互联网大厂合作，目前是最好的时机，因为互联网大厂目前考虑的不是利润增值问题，而是生存问题。在生存危机的压力之下，它们可以不计成本，无论是态度也好，资源动员也好，都会前所未有地积极参与。这对传统主流媒体来说，是一个巨大利好。

但是现在的主流媒体做了什么？有什么实质性进展？其实真的看不出来。为什么？因为在目前这种形势之下，传统主流媒体的日子好过了，有钱了，影响力好像也不是日薄西山了。在我看来，传统主流媒体如果不利用目前巨大的机遇，把自己的影响力跟互联网公司巨大的社会动员力、社会渗透力、技术探索力结合在一起，就失去了一个绝好的机遇——就看谁能率先把握。

这个过程当然要有某种担当或者勇气。因为按照既有模式去做，不会犯错误；而任何的新探索都有可能遇到"灰色地带"——规则的探索是需要勇气的，也是有风险的。但对于互联网发展规则的建立来说，现在是主流媒体发挥自己影响力的最好机遇，我们的制度体系应该给予可探索空间。没有可探索空间，动辄得咎，那都不去做了，都"躺平"了。所谓"躺平"，就是我做比不做风险要大，创新比守旧风险要大。因此，躺平不是人的心态造成的，而是规则造成的。要解决躺平问题，首先要设定一个能够激活人们活力和积极性的规则。

四、媒体产业发展的未来红利点：内容范式、下沉市场、传播在社会媒介化中的应用

我们学术团队的研究表明，未来媒体产业发展中的红利点主要呈现在以下几个方面。

1. 好的内容和新型内容范式的建立，是未来媒介产业发展的一个重点

过去的互联网发展是狂飙突进、跑马圈地的过程，现在进入一个内涵化扩张时期。内容营销成了最为重要的一种营销，这种内容并不是简单的在过去逻辑基础之上的质量提升，而是在新条件之下新的逻辑、新的标杆、新的规则、新的体系。

对于内容的回归，也是未来一两年发展的重中之重——今天的好内容，到底应该有哪些形式的表达、技术的表达、市场的表达和内核的坚守，以形成一种新的内容范式？这是很重要的。

2. 下沉市场的开发会成为未来发展的巨大机遇

俗话说：投石水中，近处波深，远处波平。在市场发展与新技术的应用扩散中，常常负荷这种所谓的圈层结构理论。这个理论最早是由德国农业经济学家冯·杜能提出的，意指各种生活方式、经济活动、技术普及都是从中心向外围呈现圈层状的有规律变化的——即受到"距离衰减律"法则的制约。而当技术与市场在中心市场（人群）达到某个"临界点"时，由"中心"向"边缘"扩散变会成为一种市场潮流。近几年从消费上，我们会发现小镇青年、适老化、为农服务成了热词。尤其在为对农服务方面，孕育着巨大的机会。这里面既包括内容服务，也有各种资源的对接等，借助互联网的微连接、微价值、微资源得以聚合，这其中有巨大的市场机会。

3. 社会的媒介化进程是未来媒介发展中最为主要的用兵之地

理论与实践发展业已表明：媒介不仅是一种信息载体，也是一种技术体系和文化体系。随着大数据、云计算、人工智能技术在社会各个领域的广泛应用和参与，社会整体的"媒介化"进程成为当下社会发展和时代发展中重要的主流趋势与潮流。所谓媒介化，指的是由于媒介影响力的增长，社会方方面面和各行各业发生了按照传播逻辑重组的全新变化。媒介化过程就是用媒体的逻辑、机制、传播模式，对社会生活的方方面面进行深刻改造的一个过程。媒介与人、与社会的关系达到前所未有的紧密度。无论是社会组织还是普通民众，从沟通交流到意见表达、日常生活、经济发展，无不依赖于媒介。媒介的社会角色不再仅仅是过去的媒介内容生产者和信息内容的传递工具，开始成为社会政治要素、经济要素、文化要素的激活者、连接者和整合者，成为社会架构和运行的组织者、设计者和推动者。

显然，在未来的社会进程中，传播越来越重要，媒介越来越重要。媒介化进程，意味着媒介在行业重构、产业链重建、社会重构、文明体系重建的过程当中起到了穿针引线的作用。它不是靠内容取胜，而是靠输出传播机制、传播法则、传播模式，起到底层模板的作用，对于各行各业的各种功能、价值进行重构。其实直播带货在很大程度上就是对传播模式的商业性利用。过去是摆事实讲道理，现在要靠情感的输出、情绪的共振、关系的认同。因此，传播在未来的社会生活中能够居于枢纽地位，因为社会是靠它的连接作用来进行资源分配以及功能、价值的再造的。未来的传播和未来的媒介，会在社会生活当中越来越起到核心的作用、主流的作用和基础的作用。